योगसूतर

瑜伽经

YOGA SŪTRA

[古印度] 帕坦伽利　著
王志成　译注

四川人民出版社

出版说明

今年是“瑜伽文库”走过的第十个年头，而我社出版瑜伽书籍的历史，则要往前再推十年。历廿载耕耘，四川人民出版社已累计引进、出版瑜伽经典近五十种，为我国的瑜伽实践与研究提供了充分且可靠的文本依据。然而，对于瑜伽新人，“五十”无疑是个庞大的数字，大到使人生畏。他们希望找到最短的必读书单。于是我们策划了这套“瑜伽三经”，内含《薄伽梵歌》《瑜伽经》《哈达瑜伽之光》三部瑜伽发展史上里程碑式的经典文本。

“三经”之说，由浙江大学王志成教授首倡。王教授认为，这三部经典粗可反映瑜伽的思想渊源、理论正统和发展趋势，是全世界瑜伽人共读之书。即或有修为的瑜伽士，为确保不偏离瑜伽修行的正道，往往也会终其一生反复研读这三部经典（尤其是前面的两部）。由此入门，当是稳妥而高效的。

“三经”是“瑜伽文库”中的长销品，连年加印，我们因此有机会随时订正其中的讹误。这一次，我们又对现有文本做了一总的修订，许多地方甚至整段推翻重译了。所期待者，乃是还原经典的本来面目。在保证译文准确性的同时，我们尽可能保持原文的阐释空间，将最终的解释权交还给读者。

这次修订意味着“三经”迈出了译本经典化的关键一步，因以皮面特装本出之，隆重其事。

《瑜伽经》是什么？怎么读？

（代序）

当今世界，越来越多的人爱上了瑜伽，练习着瑜伽。在瑜伽的发源地印度，在世界各个城市，甚至在我国的偏远小镇，都可以见到练习瑜伽的人。瑜伽成了人们应对生命和生活中不确定因素和消极事件的一种普遍方法。可瑜伽究竟是什么？

在大众眼里，瑜伽一开始只是锻炼、保养、美化身体的一种时尚运动。待到取得一定的瑜伽成就后，人们会说，瑜伽是一种生活方式，一种人类主动进行的自我生命管理。继续浸淫其中，人们终于认定，瑜伽是一门艺术，一整套关乎身心完善的生命哲学。

作为一种传承至今的历史性现象和历史性人类

实践，瑜伽体系纷繁、源流错综，因为切入的角度和深度的不同，人们对瑜伽的认知和体验也多有不同，是以至今没有一个标准的瑜伽定义。

作为一种文化现象，瑜伽有悠久的历史。瑜伽的历史，既有考古学意义上的，也有神话学意义上的。考古学意义上的瑜伽历史，可追溯到古印度的吠陀时代，距今已有三千多年。神话学意义上的瑜伽历史可以"自由想象"，即便你说瑜伽来自天启，也没有多少人会反对。因为在多数人眼里，瑜伽作为生命本有的一种现象，是自有永有的。

古印度出现了所谓的六大正统哲学流派，它们分别是弥曼差派、吠檀多派、数论派、瑜伽派、胜论派和正理派。其中同瑜伽派关系密切的主要有两个，分别是吠檀多派和数论派。

吠檀多派在印度思想史上源远流长，可以追溯至吠陀时代，且赓续至今，未曾中断，对印度文化产生过巨大且深远的影响。时至今日，这一哲学思想仍然具有蓬勃的生命力，并展现出了全球性的影响力。一般而言，人们所理解的吠檀多派哲学是不二论的，智慧瑜伽即渊源于此。

数论派哲学和瑜伽派哲学都是二元论的。数论派认为，整个宇宙有两个永恒的实在，即原人和原质；原质是一，原人为多。数论派和瑜伽派，是姐妹关系。因为，古典瑜伽派的哲学基础，或者说帕坦伽利《瑜伽经》的哲学基础正是数论。帕坦伽利瑜伽与数论派哲学同中有异。数论派哲学主张通过分离原人和原质最终实现“独存”。而帕坦伽利瑜伽则认为，单纯的哲学认知尚不足以实现生命的终极目标。它强调了实践的重要性，主张通过亲身经验，证悟原人和原质的不同，进而分离原人和原质。数论哲学同瑜伽结合，称数论瑜伽。

“瑜伽”一词历来有两种不同的解释。一种取“合一、联结”之义，认为瑜伽就是个体自我与至上自我的合一，其本质是个体自我基于瑜伽实践的净化过程。这种瑜伽，是一种一元论，主张个体自我和至上自我是一不二。这样的主张，同吠檀多不二论哲学思想是一致的。另外一种释“瑜伽”为“分离”，即原人与原质的分离。这是数论瑜伽的立场。历史上，由于吠檀多不二论哲学的巨大影响力，数论瑜伽长期处于被忽视的境地。然而，作为瑜伽哲学核心经典的帕坦伽利《瑜伽经》，其哲学实践的立场却是数论瑜伽的，帕坦伽利瑜伽本质上是一种“分离”瑜伽。

如今，人们喜欢沿用大瑜伽士辨喜的瑜伽分类。辨喜把瑜伽分为行动瑜伽、智慧瑜伽、胜王瑜伽、虔信（奉爱）瑜伽，曰“瑜伽四道”。他的分类法，有助于我们对瑜伽有一个框架性的认识。只是辨喜的基本哲学主张是吠檀多的，他的瑜伽分类法的内在依据是吠檀多不二论哲学。特别是在论述胜王瑜伽时，辨喜一面沿用帕坦伽利的瑜伽八支说，一面却从“合一”的角度阐释帕坦伽利的八支瑜伽。如今人们把《瑜伽经》视为胜王瑜伽经典，基本上是一种哲学的误会。罗摩克利希那道院的巴伽南达（Swami Bhajanananda）认为，《瑜伽经》属于古典瑜伽、八支瑜伽、数论瑜伽，而非如辨喜所说，属于胜王瑜伽。辨喜《胜王瑜伽》一书主要涉及的，乃是吠檀多传统的实践之道。

《瑜伽经》的成书时间，有人认为在公元前三四世纪，也有人认为要迟至公元5世纪，众说纷纭，无从稽考。自有此书以来，各个历史时期都有人为其做注，而以毗耶娑、弥室罗、薄阇、商羯罗、摩陀婆、识比丘、阿冉雅、辨喜等人的注释最具代表性。近代以降，随着瑜伽哲学和瑜伽运动的全球传播，《瑜伽经》的注本更是层出不穷。

不同的注释代表着不同的立场，就《瑜伽经》而言，其注释立场有以下几种：一、数论；二、吠檀多；三、虔信瑜伽；四、哈达瑜伽；五、佛学；六、养生学（特别是阿育吠陀）；七、生命管理。其中，第六种尚无正式的作品问世，但以养生学或阿育吠陀的视角阐释《瑜伽经》的文本已经出现了。

读者手上这版《瑜伽经》注本，则基于生命管理哲学的立场，起初是作为国家社科基金研究项目的成果推出的。

毋庸置疑，《瑜伽经》的思想源于数论哲学，可它的主要内容却不是对数论哲学主张的阐述或应用，其中呈现的数论思想也是不完全、不完整的。可无论如何，如果要深入研习《瑜伽经》，不妨先补充一点数论哲学的知识，比如，可以读自在黑的《数论颂》。

话分两说，即便对数论思想所知不多，也不妨碍我们理解《瑜伽经》。只需知道，帕坦伽利《瑜伽经》认为：这个世界是原人和原质的二元世界，人的本质是原人；痛苦的根源在于人错误地认同于原质，造成原人与原质的混淆。而帕坦伽利的瑜伽主张，就是要通过具体的瑜伽实践，将修习者导入三摩地，从而实现原人和原质的分离，达到生命解脱的目的。

帕坦伽利瑜伽，称八支瑜伽。所谓八支，即《瑜伽经》提供的八种瑜伽实践路径，分别是：禁制、劝制、坐法、调息、制感、专注、冥想和三摩地。“支”的概念，非帕坦伽利首创，早在《瑜伽经》出现之前就已存在。如《弥勒奥义书》奉瑜伽六支说，六支者，调息、制感、冥想、专注、沉思、三摩地是也。在帕坦伽利的时代，瑜伽作为一种生命修行法，接受禁制和劝制的道德主张是很自然的。坐法，核心就是舒服地坐着，也是一种通行的修行方式。我们可以想象，在帕坦伽利的时代，瑜伽各支应该已经得到较为普遍的接受和应用了。而帕坦伽利所做的，主要是针对这些方法的系统化、理论化、文本化的工作。因此，人们通常把帕坦伽利视为《瑜伽经》的编撰者，而非严格意义上的著作者。

结构上，《瑜伽经》共分四个篇章，曰三摩地篇、修习篇、力量篇和解脱篇。瑜伽界和瑜伽学界对《瑜伽经》诸篇的性质与用途也有不同的看法。有人相信，三摩地篇服务于根器高、有基础的瑜伽行者，而修习篇等则面向大众；另一些人则主张，四个篇章中的教导实无高下之别，正所谓“瑜伽八支的任何一支到瑜伽最高目标的距离都相等”。总之，历史上对《瑜伽经》的解读很多，不同的解读对于有着不同条件的人类个体而言，有着不同程度的正确性与适用性。就人类之全体而言，这些解读都是必要的，不同时期的求道者得益于不同的解读，涉入了《瑜伽经》的堂奥。

时移世易，今时今地的语境早已不同于《瑜伽经》成书时期的古代印度，当下的读者要如何进入《瑜伽经》的文本？有没有一条更契合于大多数人的路径呢？答案是肯定的。

本人研读《瑜伽经》已有二十余个年头，起初也曾陷入迷茫，手里握着一打以上的注释文本，却仍不得其门而入。后来，因缘际会，一位做管理工作的朋友来访，简单地介绍了他所在公司创始人的管理哲学。简单的一番谈话，仿佛在我的心上开了一扇窗，一道光射了进来：帕坦伽利瑜伽本质上是对个体生命的自觉管理，《瑜伽经》其实是一部生命管理专著。

有些人视《瑜伽经》为畏途，踯躅经年而不愿或不能亲炙。我想，近乡情怯的原因有之，而在现实层面，主要的原因还是我们的读者普遍缺少针对性的哲学训练，在一堆术语和哲学化的表述面前犯了难。

可如果我们真的对自身负责，真的准备好了去实践自我生命管理，那么，这一切的问题便也不再是问题了。

生命管理分两个维度，一是水平维度，一是垂直维度。水平维度，关注的是人的身体，而垂直维度则着眼于人的心灵。这两个维度就像鸟的一对翅膀，不可偏废，二者非彼此配合不可。帕坦伽利瑜伽是三摩地导向的，作为一套生命管理系统，它自然是垂直维度的无疑。但正如《瑜伽经》字里行间透漏出来的，非健康甚至“完美”的身体无以成就三摩地。这是我们需要时刻谨记的。

在《瑜伽经》中，三摩地又有有寻无寻、有伺无伺、有种无种之分。不同类型的三摩地代表着不同层次的瑜伽修为或生命境界。有寻三摩地和无寻三摩地、有伺三摩地和无伺三摩地都属于有种三摩地，而只有进入无种三摩地即法云三摩地，原人、原质才得彻底分离，才算真正实现了生命管理的终极目标。

为了达成这一生命管理的终极目标，具体的方法不可或缺。帕坦伽利说，可以通过不执和修习达成瑜伽的目标，单纯的认知不足以成事。何以不执？何以修习？《瑜伽经》中开列了具体的行法，即瑜伽八支，其中，前五支归在修习篇，后三支归在力量篇。

八支中的前四支，即禁制、劝制、坐法、调息，为外支；后三支，即专注、冥想、三摩地，为内支；而第五支，曰制感，则是内外支的分水岭，处于可内可外的中间位置。外支里面，帕坦伽利格外重视禁制和劝制。禁制，规定了哪些事情不能做，表征的是生命管理之道的外在保障；劝制，规定了哪些事情需要做，表征的是生命管理之道的内在保障。禁制和劝制使人在道德层面做好进入瑜伽的准备。

有人可能会疑惑，瑜伽修习为何如此强调道德的完善。这是因为，生命的转化需要一个前提，那就是萨埵（善良之德）必须占据主导。禁制和劝制可以帮助个体生命逐渐脱离答磨（愚昧之德）和罗阇（激情之德）的钳制，并随着萨埵的提升而提升。没有德行依傍的瑜伽修习，必行之不远。

一般认为八支瑜伽脱胎于数论哲学，但其实所有类型的瑜伽都可以独立于具体的哲学形态之外。例如，后来的哈达瑜伽经典，如《雅伽瓦卡亚瑜伽》，虽继承了帕坦伽利的八支瑜伽模式，但其背后的哲学却是吠檀多而非数论。也正因如此，雅伽瓦卡亚瑜伽和帕坦伽利瑜伽虽都以“八支”为纲，在具体行法上却有很大差异。

有人对比了佛家的八正道与帕坦伽利瑜伽的八支，认为瑜伽八支模式受到了佛家八正道模式的启发或影响。一个简单的类比即可揭示二者之间的联系：禁制和劝制对应“戒”，制感、专注和冥想对应“定”，三摩地对应“慧”。另外，与禁制和劝制在瑜伽实践中的地位相似，戒也是佛家修行的基础，不持戒，难修定与慧。虽则如此，在具体的内涵和实践上，佛学与瑜伽显然差异巨大。有鉴于此，我们可以进一步确认，帕坦伽利为生命管理提供的是超越哲学形态的实践模式——重要的是实践，而非哲学。

生命管理，除了目标和方法以外，还需要实践的定力和纠偏的勇气。例如在力量篇中，后三支统称“专念”，专念的修习可以带来种种瑜伽力量，或称神通。帕坦伽利警告我们，凡此种种，以世俗的眼光看，它们是力量，可以带来种种好处，但对真正的瑜伽士来说，它们却是障碍。这一判断十分重要，可视为瑜伽实践中纠偏的依据。所以如此，是因为，追求神通的修习者必然困于私我，无法摆脱三德的钳制。对神通的渴望源于私我，唯有私我才会留恋这个世界的表象。瑜伽之行，多歧路，多诱惑，须保持定力，及时纠偏，确保每一步都坚实地踏在瑜伽的正道上。

帕坦伽利《瑜伽经》的第一个中文版本由北京大学的姚卫群教授译成，收录在他的《古印度六派哲学经典》一书中。此译本有经无注。第一个注本《瑜伽经》，则是浙江大学的王志成教授偕杨柳博士共同完成的，初以《现在开始讲解瑜伽——〈瑜伽经〉及其权威阐释》之名于2006年由四川人民出版社出版。后来商务印书馆又接连出了《帕坦伽利〈瑜伽经〉及其权威阐释》（2016）和“瑜伽哲学经典丛书”版《瑜伽经》（2022），所据的都是这个本子。王志成教授的《〈瑜伽经〉直译精解》（四川人民出版社，2019），则是我国学者独立注释的《瑜伽经》版本。在过去的5年中，数以千计的瑜伽爱好者得此方便之门，顺利进入《瑜伽经》的世界，成为具有扎实理论素养的瑜伽习练者甚至瑜伽士。在译注者和读者的相互砥砺中，这一文本经历着长达5年的持续修订，及至今日终于有了这部特装版《瑜伽经》的问世。它在某种程度上已经由内而外地呈现出我5年前乃至18年前所期待的中文《瑜伽经》的样子。

我们唯有生命。我们唯有从生命这一根本的和现实的角度着眼，才能真正读懂作为生命管理至上之作的《瑜伽经》。让我们迎着时代的风，迈出我们坚定的步伐，投入那照亮人类历史三千年的瑜伽之光，因为这瑜伽几乎触及了所有重大且根本的生命意义问题。

王志成

2024年9月19于浙江大学

目录

〇〇一　第一章　三摩地篇

一〇五　第二章　修习篇

二一一　第三章　力量篇

二八九　第四章　解脱篇

समाधिपाद

samādhi pāda

第一章　三摩地篇

（凡51节经文）

第一章三摩地篇共计51节经文，涉及以下主题：瑜伽的定义和目标、心的波动、修习和不执、有智三摩地和无智三摩地、获得三摩地经验的手段、自在天、唵、瑜伽修习中的障碍、约束心的波动的方法、有种三摩地和无种三摩地。

अथ योगानुशासनम् ॥१॥

atha yogānuśāsanam //
atha yoga-anu-śāsanam //

atha-现在；yoga-瑜伽；anu-依循；śāsanam-指导，教导

现在开始讲授瑜伽。（1.1）

据说，atha是一个曼陀罗，有祈求神明加持之义。一般译成“现在”，表示弟子已经做好了学习瑜伽的准备，导师已经做好了讲授瑜伽的准备。

Yoga一词含义众多。传统上有两种基本的理解：一种来自数论瑜伽传统，意思是分离，专指原人（纯粹意识）和原质（自然）之间的分离；另一种来自吠檀多传统，意思是联结、合一。当下，大多数瑜伽士与瑜伽习练者口中的“瑜伽”是联结、合一的意思。但我们需要清楚，在帕坦伽利这里，“瑜伽”并不是联结、合一，而是分离。这种理解上的差异，源于数论哲学和吠檀多哲学之间的核心差异。不过，这

并不影响瑜伽的练习，尤其是体位和调息的练习。

瑜伽的形式多种多样，分类标准亦有不同。在辨喜那里，瑜伽主要有四种，即胜王瑜伽、行动瑜伽、智慧瑜伽和虔信瑜伽。如今，人们喜欢在辨喜四大瑜伽的基础上再做文章，拉一些新的瑜伽类型进来，如昆达里尼瑜伽、哈达瑜伽、曼陀罗瑜伽等。

传统上，帕坦伽利瑜伽一般被视为胜王瑜伽，但也有瑜伽学者和瑜伽士持不同观点。我们不介入这一争论，还是依循传统，把《瑜伽经》中的瑜伽归为胜王瑜伽。因为突出了阿斯汤迦（八支），所以帕坦伽利瑜伽也叫阿斯汤迦瑜伽。需要注意的是，当今流行的所谓阿斯汤迦瑜伽其实是一种哈达瑜伽，与帕坦伽利的阿斯汤迦瑜伽大有不同。

瑜伽本质上是一种修行方式，是通过身体去探险，去追问、收获最高的真理。仙人毗耶娑（Vyāsa）说，瑜伽就是三摩地。可以说，他是至高纲领主义的，一上来就明确了瑜伽的最高目标和终极目的——其他的一切要么不是瑜伽，要么是为真正的瑜伽所做的准备。今日人们对瑜伽的理解已迥异于传统，或者说，人们修习瑜伽的目的已今时不同往日。

Śāsanam这个词我们要稍作解释。这个词的基本含义是指导、教导，也就是说，帕坦伽利一开始就告诉大家，他给大家的是关于瑜伽的指导、教导。由此我们可以说，这是一部关于瑜伽的指导手册，或者也可以说，是一部关于生命管理的指导手册，突出的是经典的实践性和方法上的指导性，而不在理论上过多纠缠。

瑜伽是生命的管理，是一种造就“新人”的“约束”之道。“新人”，就是那些以瑜伽塑造成的健康、通透、喜乐的人，那些摆脱了二元性束缚的人，也就是觉悟的人、解脱的人、自在的人。“新人”的成长需要种种规范和限制，需要种种必要的约束。其间还会遇到种种瓶颈，这些瓶颈制约人的成长。为了征服这些瓶颈，瑜伽针对性地给出了种种具体而有效的约束之法。

योगश्चित्तवृत्तिनिरोधः ॥२॥

yogaścittavṛttinirodhaḥ //
yogaḥ-citta-vṛtti-nirodhaḥ //

yogaḥ-瑜伽；citta-心，心质，意识，心域，心地；vṛtti-波动，变形；nirodhaḥ-约束，抑制，控制

瑜伽就是约束心的波动。（1.2）

这一节是对瑜伽的定义。这里有几个核心词，它们是citta、vṛtti、nirodhaḥ。在帕坦伽利这里，citta是一个很关键的词。他说，瑜伽就是约束或控制citta。这个citta指的是什么呢？根据数论哲学，citta就是一个场所，传统上翻译成“心质”，这里，为了便于大家理解，我们翻译成“心”。这个“心”具有三种功能：末那（心意）、菩提（智性）和我慢（私我）。末那，主要涉及感官功能；菩提，涉及分辨功能；我慢，就是私我。人对痛苦和欢乐的感受，就发生在我慢的层面。正是我慢之心阻碍着我们觉知自己的真正身份即原人。我慢生出渴望、期待、愤怒、嫉

妒、恐惧等。瑜伽修习的核心与生命管理的难点，都是约束这个我慢。如果能征服我慢的消极面，如嫉妒、愤怒、恐惧等，而发挥其积极面，如欢乐、爱、慈悲、协作等，就可以把人从答磨和罗阇的生命状态提升至萨埵的生命状态。

帕坦伽利用来描述心的基本活动的词是vṛtti。Vṛtti的字面意思是旋转、转动、持续。一般翻译成“波动”。这里，心的波动包含思想波动、情绪波动等。不同的波动，代表着心在处理不同的经验时所产生的不同的现象。心的波动可以发生在意识层（醒态）、潜意识层（梦态）和无意识层（深眠态）。

Nirodhaḥ，约束、控制之义，这个词在瑜伽中具有特别重要的意义。修习瑜伽，就是修习约束。为何要约束呢？因为心的波动可能会带来问题，最大的问题是痛苦与烦恼。《瑜伽经》的出发点是让人摆脱生命的痛苦，为此它提供种种实践之法。在这个意义上，瑜伽可视为一种生命管理的约束艺术。

तदा द्रष्टुः स्वरूपेऽवस्थानम् ॥३॥

tadā draṣṭuḥ svarūpe’vasthānam //
tadā draṣṭuḥ svarūpe-avasthānam //

tadā-于是；draṣṭuḥ-见者，目击者，原人，真我； svarūpe-自身的本性之中；avasthānam-安住，保持

（一旦约束了心的波动，）见者就安住在其自身的本性之中。（1.3）

见者，就是摆脱了原质的原人。根据数论哲学，有两个本原性的存在，即原人（puruṣa，真我，神我）和原质（prakṛti，自然）。原人摆脱了原质的束缚，就是存在的完美状态。这时，原人处于其自身的圆满之态。帕坦伽利的瑜伽哲学实践就是要达至这一安住自然本性的状态。

帕坦伽利《瑜伽经》可以视为数论哲学的应用。他没有花费多少篇幅直接论述数论哲学。有鉴于此，我们需要不时地补充一些这方面的内容。

वृत्तिसारूप्यमितरत्र ॥४॥

vṛttisārūpyamitaratra //
vṛtti-sārūpyam-itaratra //

vṛtti-波动，变形；sārūpyam-认同；itaratra-其他，在其他时候

若非如此，则见者必会认同于心的波动。（1.4）

这一节经文是紧接着上一节说的。见者有两种状态：一种是上一节说的圆满的状态，即约束了心的波动而安住在自身本性中的状态；非此，则是另外一种状态，即见者（原人）和所见（原质）相混、相认同的不圆满状态。

根据数论哲学，原质具有相应的“德”（guṇas，属性）。原质有三德，即萨埵（sattva，善良）、罗阇（rajas，激情）和答磨（tamas，愚昧）。三德处于平衡状态时的原质称“未显”。当平衡被打破，原质就显化为具体的对象。

当三德之间的平衡不再，见者会认同于心的波动，即三德呈现出的种种表象，并因为这种认同而陷入轮回性的生存之中。帕坦伽利瑜伽就是要打破这种认同。从生存论上说，瑜伽修习是一种“逆演化”，一种“退转”，也可以说是一种去除差异的过程。

वृत्तयः पञ्चतय्यः क्लिष्टाक्लिष्टाः ॥५॥

vṛttayaḥ pañcatayyaḥ kliṣṭākliṣṭāḥ //
vṛttayaḥ pañcatayyaḥ kliṣṭā-akliṣṭāḥ //

vṛttayaḥ-波动；pañcatayyaḥ-五种；kliṣṭā-痛苦的；akliṣṭāḥ-不痛苦的

心的波动有五种，有些是痛苦的，有些并不痛苦。（1.5）

只要原人和原质结合，心的波动就是必然的。在三德不平衡的运动中，人无法完全避免心的波动。心的波动在现象界是一种常态。而瑜伽修习是一种“反常态”，它要改变原人和原质结合这一事实，是一项倒转乾坤的事业。心的波动有些是痛苦的，有些是不痛苦的。例如，梦就是心的一种波动状态。我们可能梦到美事，美梦给我们带来快乐，并不痛苦。但也可能做噩梦，恐怖的梦，如所谓的“鬼压床”，它们带来恐惧和痛苦。

प्रमाणविपर्ययविकल्पनिद्रास्मृतयः ॥६॥

pramāṇaviparyayavikalpanidrāsmṛtayaḥ //
pramāṇa-viparyaya-vikalpa-nidrā-smṛtayaḥ //

pramāṇa-正知，正确的知识；viparyaya-谬误，错觉；vikalpa-想象，幻想，构想，概念化，分别知；nidrā-睡眠；smṛtayaḥ-记忆

它们分别是：正知、谬误、想象、睡眠和记忆。（1.6）

波动有五种，这五种波动涉及人的生理、心理、情绪、精神的不同状态。我们的知识来自心的波动。如果这个波动是基于事实的，它就会带来正确的知识。否则，就不会带来正确的知识，而是其他类型的知识，如谬误、想象。瑜伽修习和这五种心的波动有什么关系呢？有人认为，瑜伽就是体位。如果把瑜伽简单地理解为体位，那么它似乎和这里谈论的心的波动没什么关系。然而，深究下去，即便是体位也和心的波动有关。因为体位要想做得科学有效，有关人

体的正知就必不可少——出于健康考虑，我们需要人的体质方面的知识。了解了人的体质，就可以选择适合的体位并进行有效的练习。这一正知属于阿育吠陀（āyurveda）领域的知识。

瑜伽的高级修习最终是要平息所有的心的波动而归于寂静。也就是说，瑜伽的最高目标是出离这五种波动，不受任何心的波动的控制——首先是出离痛苦的波动，其次是出离不痛苦的波动，从而摆脱三德的束缚，安住于自我本性，即入独存之境。

प्रत्यक्षानुमानागमाः प्रमाणानि ॥७॥

pratyakṣānumānāgamāḥ pramāṇāni //
pratyakṣa-anumāna-āgamāḥ pramāṇāni //

pratyakṣa-直接感觉，现量；anumāna-推论，比量；āgamāḥ-经典证言，圣言量； pramāṇāni-正知的来源，证实

正知源于直接感觉、推论和经典证言。（1.7）

知识来自心的波动。毗耶娑说："直接感觉是心受外界事物影响，以其为对象，通过感官渠道的活动，主要把握具有共同性和特殊性的对象的特殊性。结果是原人的觉知和心的波动的觉知没有区别。""推论是依据与推理对象同类者，排除与推理对象不同类者。"经典证言就是"值得信任者用语言说明看到的或推理出的对象，将自己的觉知传达给别人"。[1]当认识与认识的对象相符，便产生了正知。

---

① 钵颠阇利著，黄宝生译：《瑜伽经》，商务印书馆2016年版，第7—8页。引文有修订。

它基于经验，或者基于经验基础上的合理推断。而圣人将其直接感觉或合理推断用文字记录下来以便传诸他人，便有了经典证言。在古代印度，人们相信宏大的吠陀知识是天启的，是绝对正确的，它们属于经典证言。

विपर्ययो मिथ्याज्ञानमतद्रूपप्रतिष्ठम् ॥८॥

viparyayo mithyājñānamatadrūpapratiṣṭham //
viparyayaḥ mithyā-jñānam-atad-rūpa-pratiṣṭham //

viparyayaḥ-谬误；mithyā-错误的；jñānam-认识，知识；atadrūpa-不符合其形式（真相，实际状况）；pratiṣṭham-基于

谬误源于错误的认识，它不符合事物或现象的真相。（1.8）

谬误和正知相对。谬误虽然也是一种认识，却是不符合真相的认识。你看到海市蜃楼里有人、有水，但你无论如何都不可能碰到那人、那水，因为这一切都不是真的。如果你认为是真的，你就产生了一个谬误。

同样地，把扔在路上的一根绳子认作一条蛇，这也是谬误。日常生活中，错误的认识即谬误十分常见。我辈世俗之人自当尽力避免谬误，依靠正知生活。而世间之瑜伽士起初也要依靠正知，但是到了最

后，他们又必须摆脱正知的限制，超越各种形式的波动，实现完全的自我约束，出离三德的干扰，安住在纯粹意识中，安住在原人之境中。

शब्दज्ञानानुपाती वस्तुशून्यो विकल्पः ॥९॥

śabdajñānānupātī vastuśūnyo vikalpaḥ //
śabda-jñāna-anupātī vastu-śūnyaḥ vikalpaḥ //

śabda-言辞，词，声音；jñāna-知识；anupātī-依据，根据，依循；vastu-实际存在的对象，实在之物；śūnyaḥ-无，空；vikalpaḥ-幻想，想象，概念化

想象是一种知识，它只依托言辞，脱离任何外在对象。（1.9）

言辞用于指称，指称和实际不符便是想象，或称妄想。我们生活在由种种言辞建构的世界里。我们很可能长时间处于和实在对象无关的世界里，就像沉溺在游戏世界里一样。有些人通过瑜伽修习，会觉悟到世界只是名色的叠置。人们所处的世界是虚假的，言辞所指皆非实有，即如“石女之子”“空花王冠”“兔角之弓”“海市蜃楼”，都不是实有之物。我们有这样的言辞，便有这样的想象。

韦达大师（Swami Veda）说，法国哲学家德里

达（Derrida）提出了著名的解构理论，而事实上，在古代瑜伽派经典《瑜伽经》中已经有了解构思想。语言涉及的日常对象本质上都不是实有的，例如，“我们现在这间房子的墙上的砖也毫无真实性可言，它是黏土放在火里烧成的。黏土也不是真实的，它是由一堆化学物质构成的。化学物质也不是真实的，它是由分子构成的。分子也不真实，它是由原子构成的，而原子又是由次原子粒子构成的。次原子粒子也不真实，它是由能量构成的。所以，根本没有砖这样东西，是我们的感官被调教了——小时候母亲告诉我们这个东西叫砖，所以我们就一直管它叫砖。既然砖不存在，用砖盖起来的房子自然也就不存在。‘不存在’不是说没有，而是说不是我们所以为的那种存在”。[1]

明白这个道理，对我们的瑜伽修习十分重要。我们如果执着于谬误，执着于那些不实之对象，就会偏离我们的瑜伽目标。从生命管理的角度看，解构是一种减负，带来解脱。在生命的自我管理中，我们需要时时注意给自己减负。

---

① 斯瓦米·韦达著，石宏译：《〈瑜伽经〉三摩地篇述要》，中央编译出版社2017年版，第71—72页。引文有修订。

अभावप्रत्ययालम्बना वृत्तिर्निद्रा ॥१०॥

abhāvapratyayālambanā vṛttirnidrā //
abhāva-pratyaya-ālambanā vṛttiḥ-nidrā //

abhāva-没有，缺乏，不在；pratyaya-心意的内容，思想；ālambanā-支持，依赖；vṛttiḥ-波动；nidrā-睡眠

睡眠是缺乏思想内容支撑的心的波动。（1.10）

睡眠一般包括浅眠和深眠。但这里的睡眠不包括浅眠，因为浅眠状态会做梦，属于梦态。这里说的是无梦的深眠态，在这种睡眠状态下，没有主体和客体之别。奥义书说："入睡后，无所欲，无所梦，这是熟睡。熟睡状态，合为一体，智慧密集，充满欢喜，享受欢喜。"①

辨喜认为，睡眠状态存在一定的心的波动，他说："在（心）湖中，每一个（心意的）反应都是湖

① 黄宝生译：《奥义书》，商务印书馆2010年版，第309页。

里的一个波浪。如果在睡眠时心意没有任何波浪，那么它就不会有任何感知，无论是积极的还是消极的，因此，我们就不会记得这些感知。我们记得我们睡过觉的真正原因是，在睡眠期间心意中存在着一定形式的波动。”①

艾扬格说：“在正知、谬误、想象和记忆的状态，一个人是清醒的。心意和意识被感官牵动，与外界接触，从而获得知识。在深眠中，上面这四个状态下获得的知识就不存在了：感官终止了活动，因为作为感官之王的心意停息了。这就是非存在（abhāva）的状态，一种空无的状态和感觉。”②

人们可能觉得睡眠中没有意识内容，很难理解它是一种心的波动。一般的解释似乎很难被真正认可，但毗耶娑的解释很有说服力。他说，睡眠是对非实体的认知活动，在醒来后，通过思索，成为一种特殊的认知。这又分为三种情形，分别代表睡得舒服、不舒服、昏沉。如果没有对这几种情况的认知体验，就不会有相应的记忆。所以，毗耶娑把睡眠视为一种

① *The Complete Works of Swami Vivekananda*, Kolkata: Advaita Ashrama, 2002, pp. 206-207.

② 艾扬格著，王东旭、朱彩红译：《帕坦伽利瑜伽经之光》，海南出版社2016年版，第229页。

特殊的认知，并且指出在最终的三摩地中需要约束或抑制睡眠。[①]

深眠和三摩地很相似。在有的人那里，深眠被视为一种三摩地。在吠檀多经典如《潘查达西》中，深眠也被视为三摩地。但有的人并不认可。斯瓦米·萨缇亚南达·莎拉斯瓦蒂（Swami Satyananda Saraswati）认为，三摩地中还有"我"，而深眠中则没有任何对"我"的意识。在三摩地中，叠置性的名色消失了，但还有一种意识存在。不过这种意识缺乏外在世界的任何特性。醒态中的觉知和三摩地中的觉知是完全一样的，只不过三摩地中没有对象，只有觉知本身。三摩地中绝对无觉知的观点，是错误的。[②]

帕坦伽利把睡眠视为心的波动之一，一定有其道理，如何理解和解释则是次一级的问题。问题是，是否需要对睡眠加以约束？太多人遭受难以入眠之苦，有个好睡眠是人生的圆满之境之一。实际上，对相当一部分人来说，修习瑜伽是为了更好地睡眠。从修习的终极层面看，睡眠当然需要约束，需要控制。

---

① 钵颠阇利著，黄宝生译：《瑜伽经》，商务印书馆2016年版，第9—10页。

② Swami Satyananda Saraswati, *Four Chapters on Freedom*, Bihar: Yoga Publications Trust, 2013, p. 53.

尤其是在当下，生活和工作的压力越来越大，许多人都有睡眠障碍，生活质量大受影响。瑜伽，特别是阿育吠陀瑜伽，有自己的方式来解决这一难题。在阿育吠陀瑜伽看来，睡眠质量差，睡眠障碍频发，是因为越来越多、越来越大的生活和工作压力等影响了人的自主神经功能。也就是说，压力和其他因素导致人体风和空元素活跃，难以抑制，使心的波动加剧，人很难进入深度睡眠状态。一般而言，失眠状态不属于帕坦伽利所说的睡眠。

अनुभूतविषयासम्प्रमोषः स्मृतिः ॥११॥

anubhūtaviṣayāsampramoṣaḥ smṛtiḥ//
anu-bhūta-viṣaya-asampramoṣaḥ smṛtiḥ //

anubhūta-经验到，觉知到，理解；viṣaya-对象；
asampramoṣaḥ-未遗忘，不让逃离；smṛtiḥ-记忆

对象未被遗忘，而又回到经验当中，就称为记忆。（1.11）

记忆是心的波动的第五种形式。它有两种，一是想象的记忆，如在梦中；另一是非想象的记忆，即清醒状态下的记忆。正知、谬误、想象和睡眠这四种波动的知识都可被记忆。事实上，深眠以外的各种波动都可能表现出快乐、痛苦或愚痴的特点。“快乐、痛苦和愚痴都被称为污染。贪欲追随快乐，憎恨追随痛苦，无知追随愚痴。”[①]在帕坦伽利看来，所有这些活动都应该受到约束。约束的方法，要么是有种三

---

① 钵颠阇利著，黄宝生译：《瑜伽经》，商务印书馆2016年版，第10页。

摩地，要么是无种三摩地。在无种三摩地中，约束达到了巅峰，原人和原质真正分离。

下面是对上述五节经文的概括。五种心的波动分别代表了五种知识：

1. 正知——正确的知识；
2. 谬误——错误的知识；
3. 想象——想象的知识；
4. 睡眠——没有（内容的）知识；
5. 记忆——过去的知识。

अभ्यासवैराग्याभ्यां तन्निरोधः ॥१२॥

abhyāsavairāgyābhyāṃ tannirodhaḥ //
abhyāsa-vairāgyābhyāṃ tat-nirodhaḥ //

abhyāsa-修习，修行，重复的实践；vairāgyābhyāṃ-通过不执；tat-它们（五种波动）；nirodhaḥ-约束，抑制，控制

修习和不执可以约束这五种波动。（1.12）

这里，帕坦伽利给出了两种约束波动的方法。修习和不执是生命管理艺术的核心。修习能增强信心、提升能量、稳定心意、促进智慧、安住原人；不执是减负，帮助我们摆脱种种名色带来的压力、限制、疲惫、忧虑、乏味、抑郁、烦闷、空虚等。

毗耶娑说，之所以可以用修习和不执约束这五种波动，是因为“心河有两个流向，或流向善，或流向恶。倾向于独存，趋向分辨的领域，流向善。倾向于轮回，趋向不分辨的领域，流向恶。其中离欲[1]堵

① 即不执。

住对象水流。修习分辨力开启分辨水流”。[1]

艾扬格对修习和不执的理解富有新意，他说：“修习是瑜伽的阳性方面，不执和弃绝是其阴性方面。两者彼此平衡，就像白天和黑夜，吸气和呼气。修习是进化之路，不执和弃绝是回归之路。修习包含于整个瑜伽八支之中。进化型的修习不断向前去发现自我，它包括禁制、劝制、体式和调息；弃绝的回归之路则包括制感、专注、冥想和三摩地。”[2]

把修习理解为瑜伽八支的前四支，把不执理解为瑜伽八支的后四支，是非常有道理的。卡雷拉（Reverend Jaganath Carrera）说：“要在瑜伽上成功，修习和不执都是必要的。它们是互补之方法，可以帮助心意变得更清晰、更平静、更强大。不以不执为伴的修习会导致私我的膨胀，这个私我喜欢运用力量满足自己而无视后果。……不通过修习获得力量和清晰的头脑，真正的不执就不会真正降临。”[3]

---

① 钵颠阇利著，黄宝生译：《瑜伽经》，商务印书馆2016年版，第11页。

② 艾扬格著，王东旭、朱彩红译：《帕坦伽利瑜伽经之光》，海南出版社2016年版，第69—70页。

③ Reverend Jaganath Carrera, *Inside the Yoga Sutras*, Virginia: Integral Yoga Publications, 2006, p. 35.

从生命管理的角度看，修习和不执是完美的一对。要取得瑜伽成就，两者缺一不可，离开其中任何一种都将导致瑜伽的失败。

तत्र स्थितौ यत्नोऽभ्यासः ॥१३॥

tatra sthitau yatno’bhyāsaḥ//
tatra sthitau yatnaḥ-abhyāsaḥ //

tatra-此二者中；sthitau-稳定；yatnaḥ-努力；abhyāsaḥ-修习，修行，重复的实践

修习就是努力实现心的稳定。（1.13）

“努力”（yatnaḥ）一词，意味着心的稳定不是随便可以取得的，需要持久的修习，一天两天难以奏效。除非一个人有极高的禀赋——俗话说，前世修来的，他才有可能在比较短的时间内实现心的稳定，例如商羯罗大师。普通人要成就瑜伽，实属不易，需要付出巨大的努力。实际上，瑜伽修习就是生命的磨炼，并且这种磨炼是一种垂直维度的精进，而不是水平维度的简单扩展。

स तु दीर्घकालनैरन्तर्यसत्कारासेवितो दृढभूमिः ॥१४॥

sa tu dīrghakālanairantaryasatkārāsevito dṛḍhabhūmiḥ //
saḥ tu dīrgha-kāla-nairantarya-satkāra-āsevitaḥ dṛḍha-bhūmiḥ //

saḥ-这；tu-和；dīrgha-长期，长时间；kāla-时间；nairantarya-不间断，持续；satkāra-虔诚，崇敬，热忱；āsevitaḥ-专心；dṛḍha-稳固；bhūmiḥ-根基，基础

经过长期不间断的虔诚投入，修习的基础将非常稳固。（1.14）

帕坦伽利就修习提出了三个要求：

1. 长期性。瑜伽是宏大的事业，修习者要有充分的思想准备。任何一项事业都需要长期的努力，更何况瑜伽是一项生命变革的事业。

2. 连续性。一项事业需要六年时间完成，就可算作长期事业。但是，原本五六年就可以完成的，你断断续续去搞，可能要花上十五六年时间。真正要完成一项事业，就要持续地投入。人生在世，人身难

得。生命有限，要抓紧时间，积极进取。要以最高效的方式完成生命的变革和转化。

3. 虔诚性。修习瑜伽须要全身心投入，须要怀着内在的虔诚。缺乏虔诚，就不能专注，效果便不会好，甚至会半途而弃。虔诚性的最低要求就是喜欢——因为喜欢而产生兴趣。次为喜乐。真正的修习不是痛苦的，内中自有喜乐。再往上，便是对至高者的敬畏。修习必须是诚心诚意的。“虔诚”（satkāra）一词，据韦达说包含了四层意义：苦行、梵行、知识、信心。[1]

修习满足这三个要求，瑜伽的基础就能稳固。有些人心比天高，但躁动不安、缺乏耐心，因而不能坚持，这样的人注定命比纸薄，无法成就瑜伽。真要走瑜伽这条路，就要做长期、持续、虔诚修习的打算，否则浪费了时间和生命，悔之晚矣。

① 斯瓦米·韦达著，石宏译：《〈瑜伽经〉三摩地篇述要》，中央编译出版社2017年版，第91页。

दृष्टानुश्रविकविषयवितृष्णस्य वशीकारसंज्ञा वैराग्यम्
॥१५॥

dṛṣṭānuśravikaviṣayavitṛṣṇasya vaśīkārasaṃjñā
vairāgyam //
dṛṣṭa-ānuśravika-viṣaya-vitṛṣṇasya vaśīkāra-saṃjñā
vairāgyam //

dṛṣṭa-所见；ānuśravika-所闻；viṣaya-对象；vitṛṣṇasya-摆脱了欲望；vaśīkāra-掌控，精通；saṃjñā-认知；vairāgyam-不执

不执是一种自我掌控，它使人摆脱对所见所闻之物的欲望。（1.15）

不执是一门伟大的艺术。这个世界充满诱惑，很少有人能真正做到不执。人最大的敌人就是自己，而自己最大的敌人就是执着。之所以执着，是因为有“我意识”（I-consciousness）。这个“我意识”就是我慢。只要我慢在，就会有执着。我慢分为三个类型：答磨型、罗阇型和萨埵型。如果为答磨我慢所控制，就会表现出愚昧性、迟钝性执着；如果为罗阇我

慢所控制，就会表现出占有性、激情性执着；如果为萨埵我慢所控制，就会表现出善良性、博爱性执着。瑜伽修习首先要克服的是答磨我慢和罗阇我慢，最终也要克服萨埵我慢。

人可能表现出对财富的执着，也可能表现出对名声、权力、美色、美食的执着。在一个社会中，有的执着是被认可的，有的执着是被鼓励的，有的执着是受赞美的。执着有层次之别，有类型之别。各种执着构成一个金字塔型的执着结构。相对于低级的执着，高级的执着等同于不执。事实上人一直处于执与不执之间。研究执着的艺术，其实也就是研究不执的艺术。最高的执着可以理解为最高的不执。《老子》云："执大象，天下往。"圣人执着于大道（以治理天下），因而赢得天下归往。对"大象"的执着便是一种最高的执着。这和《瑜伽经》里最高的执着就是执着于纯粹自我的意思相近。人一旦抵于至高的执着之境，也就进入了至高的不执之境。瑜伽哲学所谓最高的执着，就是执着于纯粹自我（原人），其他所有执着皆因三德而起。实现了彻底的不执，就摆脱了三德的束缚，达成了瑜伽的最高目标。这一理解，将在下一节经文得到了确证。

तत्परं पुरुषख्यातेर्गुणवैतृष्ण्यम् ॥ १६ ॥

tatparaṃ puruṣakhyāterguṇavaitṛṣṇyam //
tat-paraṃ puruṣa-khyāteḥ-guṇa-vaitṛṣṇyam //

tat-那；paraṃ-至高的；puruṣa-原人；khyāteḥ-由于觉悟，由于明白；guṇa-德性，自然，性质；vaitṛṣṇyam-无欲无求，不渴望

认识了原人，对三德的任何表象都无欲无求，这是至高的不执。（1.16）

受制于三德的人，无法做到真正的不执，能做到的，都是有限度的、低层次的。为了实现不朽，实现生命的最终成就，人就需要不断地自我超越，一点一点摆脱三德的钳制。从摆脱答磨的钳制到摆脱罗阇的钳制，是一个艰难的过程；从摆脱罗阇的钳制到摆脱萨埵的钳制，是一个更为艰难的过程。不同生物都以不同方式受制于三德，瑜伽的过程就是摆脱答磨、罗阇和萨埵钳制的过程。这是一场旷日持久的生命冒险，人们有可能在不同层面跌倒。有人可能摆脱了答

磨的钳制，也摆脱了罗阇的钳制，给人的印象是一直处于萨埵的层面。其实，可能他在大多数时候处于萨埵之境，但其罗阇之德还会不时地显现，不管是公开地还是隐秘地。

只有真正洞悉了原人，才能实现最根本的不执。这里的不执是大不执，是彻底的，人至此已经完全觉悟。

洞悉原人，就意味着品尝到至上的甘露（soma）。但更多时候，觉悟者喝的并不是至上甘露——喝过矿泉水的人就不能再喝自来水了吗？其实，这里我要说的是，一个人一旦认识原人，他将时时认识原人，但他的生活依然和普通人一样。他只是不会有普通人的那些执着而已。一个证悟了原人的人，他的生命已然发生质变，他不会因为他的日常生活而再次被钳制，再次受制于三德。这是多么奇妙的智慧啊！

वितर्कविचारानन्दास्मितारूपानुगमात्सम्प्रज्ञातः ॥१७॥

vitarkavicārānandāsmitārūpānugamātsamprajñātaḥ //
vitarka-vicāra-ānanda-asmitā-rūpa-anugamāt-samprajñātaḥ //

vitarka-推理，检验，粗糙思想；vicāra-反思，分辨，精微思想；ānanda-喜乐；asmitā-有我，我见，阿斯弥达；rūpa-呈现，形式；anugamāt-伴随；samprajñātaḥ-有智三摩地

有智三摩地分为四种：推理、反思、喜悦和有我。（1.17）

在前面的经文中，帕坦伽利已经谈到通过修习和不执可以达到瑜伽的最高目标。从这节开始，帕坦伽利开始阐述三摩地。他区分了两种三摩地：有智三摩地和无智三摩地。[①]

毗耶娑对有智三摩地的描述如下：“伴随着推

① 帕坦伽利本人没有在文本中使用过“无智三摩地”一词，他称之为“另一种（三摩地）”。

理、反思、喜悦和有我的是有智三摩地。推理是心对外在对象的粗糙感受。反思是精细感受。喜悦是欢喜、喜乐。有我是唯我感知。其中，第一种三摩地与所有四种相连，是有思考的。第二种减去思考，是有观察的。第三种减去观察，是有喜乐的。第四种减去喜乐，唯有自我性存在。所有这四种三摩地都有外在的对象。”[①]

据说弥室罗（Vācaspati Miśra）首先对有智三摩地的冥想对象做了深入的分析，后来的识比丘（Vijñāna Bhikṣu）则更进一步。我们综合一下，这里涉及冥想的不同层面，第一层是对外在感觉对象（粗糙对象）的经验，第二层是对内在感觉对象（精微对象）的经验，第三层是经验本身（喜乐），第四层是经验的主体（有我）。

基于外在对象的经验的三摩地又分为两种：有寻（savitarka）三摩地和无寻（nirvitarka）三摩地（1.42—1.43）。基于内在对象的经验的三摩地也分为两种：有伺（savichāra）三摩地和无伺（nirvichāra）三摩地（1.44）。喜乐（ānanda）三摩

---

① 钵颠阇利著，黄宝生译：《瑜伽经》，商务印书馆2016年版，第13页。引文有修订。

地是通过对萨埵属性的冥想而达到的经验状态。根据数论哲学，萨埵（sattva）具有喜乐属性，瑜伽士经历了对粗糙和精微对象的经验后，可以进入对萨埵属性的经验。这种喜乐足以让人神魂颠倒，但它不是直接来自终极的原人，也不是来自吠檀多哲学中的阿特曼或梵。之后，瑜伽士可以更深入一步，达到唯我的意识。这里，帕坦伽利创造了一个新词叫asmitā（阿斯弥达，有我）。这个阿斯弥达和我慢（ahaṁkāra）关系密切，有时很难区分。我们可以把我慢视为结构性的，而把阿斯弥达视为功能性的。有我三摩地，可以说是有智三摩地的顶峰。人对“我”的体验，是从这里开始的。上述四种三摩地都属于有智三摩地。如果再深入，超越有我，就将进入没有我意识的无智三摩地。

विरामप्रत्ययाभ्यासपूर्वः संस्कारशेषोऽन्यः ॥१८॥

virāmapratyayābhyāsapūrvaḥ saṃskāraśeṣo’nyaḥ //
virāma-pratyaya-abhyāsa-pūrvaḥ saṃskāra-śeṣaḥ-anyaḥ //

virāma-终止，止息；pratyaya-心意内容，观念，思想，想法；abhyāsa-修习；pūrvaḥ-之前的，以前的；saṃskāra-潜在印迹；śeṣaḥ-保留；anyaḥ-另一种（三摩地）

另一种（三摩地）即无智三摩地。修习终止认知，只留下潜在印迹。（1.18）

Asamprajñātaḥ一词中，asam意思是无、没有，prajñā意思是智慧、知识。Asamprajñātaḥ即“无智”。无智三摩地是没有认知的，心意中没有可以区分的对象。不过，此时，尽管心意寂静，但潜在印迹（saṃskāra）依然保留着。无智三摩地被视为对投射在心意上的原人的体验。对于如何从有智三摩地进入无智三摩地，卡雷拉做了简明的总结：

第一，理解原质（粗糙元素、精微元素、心意、我慢或有我）；

第二，控制原质；

第三，心意摆脱所有精神活动，超越原质，只留下潜在印迹。

事实上，瑜伽士达到这一境界并没有摆脱我慢，除非他能超越潜在印迹。潜在印迹是过去经验的残留，它通过保持我慢的结构，使心的波动一直持续下去。所以，因为潜在印迹的存在，无智三摩地还不是三摩地的顶峰。有智三摩地和无智三摩地都属于有种（sabīja）三摩地。[①]只有潜在印迹被消除，才能抵达无种（nirbīja）三摩地。[②]此时，瑜伽士才算实现了彻底圆满。

为了进行生命的有效管理，我们需要最高纲领，即达成三摩地的境界。三摩地本身很复杂，又分不同的层面。我们首先需要达到有智三摩地，方法是专注于粗糙的对象、精微的对象、喜乐和有我。在无智三摩地中，只有潜在印迹留下。但由于潜在印迹依

---

① 不同学者有不同看法。有的把无智三摩地视为无种三摩地。事实上，无种三摩地分两个阶段，一是有种无智三摩地，另一是无种无智三摩地。有种无智三摩地阶段，似乎不能归为无种三摩地。

② Reverend Jaganath Carrera, *Inside the Yoga Sutras*, Virginia: Integral Yoga Publications, 2006, p. 57.

然可能激活心的波动，事实上还需要从有种三摩地走向无种三摩地。那时，如第四章论及的，我们将进入法云三摩地，也就是无种三摩地。届时，我们的生命管理将达到顶峰。

भवप्रत्ययो विदेहप्रकृतिलयानाम् ॥१९॥

bhavapratyayo videhaprakṛtilayānām //
bhava-pratyayaḥ videha-prakṛti-layānām //

bhava-出生，存在；pratyayaḥ-思想，信念，观念；videha-没有身体的；prakṛti-原质，自然；layānām-消融于

无身瑜伽士和融于原质的瑜伽士，他们仅依靠出生就能达到无智三摩地。（1.19）

对于这节经文，不同的评论家有不同的理解。一种观点认为，无身瑜伽士和融于原质的瑜伽士是依靠前世累积的修习达到三摩地的。而实际上，他们不能达到无智三摩地。相反，他们死后会成为“无身天神”。据说，这样的瑜伽士体验到的是喜乐三摩地。有的则达到更高的境界，可以消融于原质。也有评论家说，这样的瑜伽士体验到的是有我三摩地。

毗耶娑说：“无智三摩地有两种：依靠方法和依靠生死轮回。其中，瑜伽士依靠方法。无身瑜伽

士和融于原质的瑜伽士依靠生死轮回。”[①]这些依靠生死轮回的瑜伽士，依靠累世的修习达到了这样的境界，他们死后可以存在很久的时间，但最后将返回到生死轮回中。

实际上，帕坦伽利说的是，有两种方法可以成就无智三摩地。一种是先天的，基于往世的修习；另一种是后天的，基于今生的修习。已经达到无智三摩地的瑜伽士，不是帕坦伽利关注的重点。斯瓦米·萨缇亚南达·莎拉斯瓦蒂[②]和拉斐尔（Raphael）[③]都持这样的观点。我们也是。

① 钵颠阇利著，黄宝生译：《瑜伽经》，商务印书馆2016年版，第14页。引文有修订。

② Swami Satyananda, Saraswati, *Four Chapters on Freedom*, Bihar: Yoga Publications Trust, 1976, p. 73.

③ Raphael, *The Regeal Way to Realization* (*Yogadarśana*), New York: Aurea Vidya, 2012, p. 34.

श्रद्धावीर्यस्मृतिसमाधिप्रज्ञापूर्वक इतरेषाम् ॥२०॥

śraddhāvīryasmṛtisamādhiprajñāpūrvaka itareṣām //
śraddhā-vīrya-smṛti-samādhi-prajñā-pūrvakaḥ itareṣām //

śraddhā-信，信念，信仰；vīrya-力，活力，能量，热情，勇气；smṛti-念，忆念，冥想，正念；samādhiprajñā-慧，定慧，因三摩地而生起的分辨能力；pūrvakaḥ-前提；itareṣām-对于其他人

对于其他人，无智三摩地要经历信、力、念、慧几个阶段。（1.20）

“其他人”，就是那些通过努力达成无智三摩地的瑜伽士。他们可能不满足于有智三摩地，即有寻、无寻、有伺、无伺、喜乐和有我这些三摩地。因为有智三摩地并非瑜伽的顶峰，处于有智三摩地的瑜伽士还有潜在印迹，还有可能再次陷入生死轮回。

进入无智三摩地需要一些条件，帕坦伽利将之概括为四条：

第一，信，就是信念、信仰。

第二，力，就是活力、能量、勇气。这力不仅是物理的，也包含精神的。

第三，念，就是忆念。念的真正含义是冥想，而不是记忆。

第四，慧，就是分辨的能力。这一点对于无智三摩地的达成具有关键作用。

已经达成有智三摩地的人，只要具备这些条件，并加以修习，就可以达成无智三摩地。

需要指出的是，多个版本的《瑜伽经》都把“定”列为进入无智三摩地的条件。而所谓的“定”其实就是有智三摩地。此节经文既是以有智三摩地的达成为前提，则“定”自不待言。

तीव्रसंवेगानामासन्नः ॥२१॥

tīvrasaṃvegānāmāsannaḥ //
tīvra-saṃvegānām-āsannaḥ //

tīvra-强烈，勇猛；saṃvegānām-对那些有意图的人；āsannaḥ-接近，靠近

勇猛精进的人会很快修成瑜伽。（1.21）

勇猛精进的人意志坚定，充满活力和能量，修习效果明显，进步迅速。与其他人相比，这样的人可以更快地修成瑜伽。

毗耶娑说瑜伽修习有弱、中、强之别，而每一种别又有弱、中、强三等，共计九等。唯有强中之强者才可以很快修成瑜伽，达到三摩地。

मृदुमध्याधिमात्रत्वात् ततोऽपि विशेषः ॥२२॥

mṛdumadhyādhimātratvāt tato'pi viśeṣaḥ //
mṛdu-madhya-adhimātratvāt tataḥ-api viśeṣaḥ //

mṛdu-弱；madhya-中；adhimātratvāt-强；tataḥ-因此；api-也；viśeṣaḥ-有别，不同，差异

修习强度有强弱之分，修习速度有快慢之别。（1.22）

这节经文是上节经文的延续。

帕坦伽利说，因为修习强度不同，达成瑜伽目的的速度自然不同。我们需要对自己做充分的评估，明确自己属于哪种强度的修习者。

有人限于身心条件无法成为强中之强者，只能退而求其次。为了在瑜伽修习途中不浪费能量，我们需要对自己有客观的认识，并基于这种认识，制订出适合自己的修习计划，以便更好地管理自己的生命。

出于瑜伽修习目的的自我评估，包括对体质的评估、三德的评估、脉轮的评估、整体条件的评估

等。今日的瑜伽人可能对自己了解不够，很难规划和管理好自己的瑜伽之路，也很难处理好瑜伽和生活之间的关系。不过，既已选择瑜伽事业，自然希望能在有限的时间内达成目标。然欲速则不达，又谓磨刀不误砍柴工，花点时间来认识自己、管理自己，或许能收到事半功倍的效果。

ईश्वरप्रणिधानाद्वा ॥२३॥

īśvarapraṇidhānādvā //
īśvara-praṇidhānāt-vā //

īśvara-自在天，主；praṇidhānāt-通过虔信；vā-或者

虔信自在天也能成就三摩地。（1.23）

这节经文，不同评论家的解释差别很大。

第一种观点认为，这里的“自在天”相当于上帝，这节经文充分体现了有神论的恩典论。一个人，即便没有修过瑜伽，只要虔信自在天，也可以达到三摩地。

第二种观点认为，帕坦伽利的这一观点，已经超越了他所认可和接受的数论哲学，超越了数论哲学所主张的二元论。①

第三种观点认为，帕坦伽利因为慈悲，迁就普通大众，所以提供了有神论意义上的恩典论——毕竟

① Raphael, *The Regeal Way to Realization (Yogadarśana)*, New York: Aurea Vidya, 2012, p. 35.

有形的神更容易成为人们的慰藉和依靠。其实，帕坦伽利并没有提供一个至上的人格神概念。[①]

从传统的立场来看，早期数论是无神论的，帕坦伽利既然接受数论，他本质上也必是接受无神论的。但这里出现的“自在天”如何理解？在后面的经文中，他做了解释。人们把《瑜伽经》中的“自在天”理解为人格神是值得商榷的。比较合理的解释是，自在天是一个特殊的原人，是纯粹意识。这样，他依然能和数论保持逻辑上的一致性。

---

① Swami Satyananda Saraswati, *Four Chapters on Freedom*, Bihar: Yoga Publications Trust, 1976, p. 79.

क्लेशकर्मविपाकाशयैरपरामृष्टः पुरुषविशेष ईश्वरः ॥२४॥

kleśakarmavipākāśayairaparāmṛṣṭaḥ puruṣaviśeṣa īśvaraḥ //
kleśa-karma- vipāka-āśayaiḥ-aparāmṛṣṭaḥ puruṣa-viśeṣaḥ īśvaraḥ //

kleśa-烦恼，痛苦；karma-业，行动，因果；vipāka-行动的结果；āśayaiḥ-内在的欲望印迹；aparāmṛṣṭaḥ-不受影响；puruṣa-原人；viśeṣaḥ-特殊的；īśvaraḥ-自在天

自在天是一个特殊的原人，不受烦恼、业、业果、内在的欲望印迹的影响。（1.24）

这一节，帕坦伽利告诉了我们自在天是什么。他说，自在天是一个特殊的原人。

在数论哲学中，原人和原质是二元的。自在天属于二元中的原人这一端。把帕坦伽利所说的“自在天”理解为超越原人和原质的至上之主，显然不符合帕坦伽利的原意。很多瑜伽士和瑜伽学者在评论这节经文时可能忽视了这一点：不管这个自在天多么特殊，他都不能超越原人和原质的二元对立。而在吠檀

多哲学主张中，自在天乃是创造宇宙的上帝，等同于有德之梵。尽管帕坦伽利和吠檀多思想家都用了“自在天”这个词，但其含义是很不一样的。

तत्र निरतिशयं सर्वज्ञबीजम् ॥२५॥

tatra niratiśayaṃ sarvajñabījam //
tatra niratiśayaṃ sarvajña-bījam //

tatra-那里，在（自在天）里；niratiśayaṃ-无法超越的；sarvajña-全知的；bījam-种子

在自在天那里，全知的种子是无法超越的。（1.25）

自在天是一个特殊的原人。他拥有无限的知识，不被任何条件所限。我们本质上也是自在天，本质上也是全知的，也拥有无限的知识。然而，本质上作为自在天的我们却不自由，这是因为我们和原质相认同、相混淆，我们被原质所束缚，陷在生死流转之中。

स एष पूर्वेषामपि गुरुः कालेनानवच्छेदात् ॥२६॥

sa eṣa pūrveṣāmapi guruḥ kālenānavacchedāt //
sa eṣa pūrveṣām-api guruḥ kālena-anavacchedāt //

sa-那个；eṣa-主，自在天；pūrveṣām-最早的，最古老的；api-也；guruḥ-导师； kālena-受时间，因着时间；anavacchedāt-因为不受限制

自在天是最早的导师的导师，因为他不受时间限制。（1.26）

Guru，音译为“古鲁”，义为导师，即用知识之光驱逐黑暗、把人带向光明的人。不能译为“教师”，因为教师只是教授知识和技能，无须对学生的全部福祉负责。[①]而导师（古鲁）则要关心学生的全部，特别是要关注学生的精神和灵性成长。在印度灵性传统中，学生要有自己的导师，导师也要有自己的导师。以此类推，这最初的导师是谁呢？他就是自在

① 马赫什·帕布著，王志成、曹政译：《吠陀智慧》，四川人民出版社2018年版，第99页。

天。传承需要不断延续，就需要超越时间和空间，不受时间和空间的限制。这个导师是全知的、无限的。

我们可以这样理解自在天：

1．自在天和原质完全无关（1.24），不受任何业的束缚；

2．自在天是全知的（1.25）；

3．自在天是永恒的、永在的（1.26）。

但是，他既不是宇宙的创造者、维持者，也不是宇宙的毁灭者，不可能给予任何人恩典。所以，认为可以通过崇拜自在天获得恩典的瑜伽恩典论，似乎是立不住的。

तस्य वाचकः प्रणवः ॥२७॥

tasya vācakaḥ praṇavaḥ //
tasya vācakaḥ praṇavaḥ //

tasya-他（自在天）；vācakaḥ-表达；praṇavaḥ-唵（Om）

表达自在天的词是唵（Om）。（1.27）

前面说到了自在天的特点，那么，这样的自在天如何可以为我们所理解呢？帕坦伽利说，自在天可以通过唵（Om）来表达。唵，在印度文化中具有悠久的历史，早在《瑜伽经》之前就已经广为流传。

古老的《唵声奥义书》对唵有非常哲学化的探究。《唵声奥义书》涉及自在天。我们这里可能遇到了一个困惑：《唵声奥义书》中的唵和自在天，同帕坦伽利在这里所说的唵和自在天是不是一样的呢？如果我们不考虑《瑜伽经》和《唵声奥义书》之间的关系，很可能就会用《唵声奥义书》的思想去解释帕坦伽利所谈的唵和自在天了。然而，《唵声奥义书》体现的明显是一元论思想，完全可以纳入吠檀多哲学体系。而帕坦伽利的自在天则是一个和原质相对的原人。在《瑜伽经》中，唵是用来表达自在天的，而此自在天同《唵声奥义书》中的彼自在天不一样。我们只能在数论语境下接受唵及其表达，而不能用吠檀多思想来理解数论语境下的唵和自在天。

如果读者采用通行的方式（本质上就是吠檀多的理解方式），那么帕坦伽利的哲学就会遇到问题，因为帕坦伽利明确说自在天是原人。有人建议，可以用混合主义来理解帕坦伽利的瑜伽思想，但这会让我们感到帕坦伽利瑜伽思想体系内部的混乱。我们还是要从数论哲学的角度来解释《瑜伽经》，以保持哲学理论内部的一致性。这就意味着当我们理解诸如唵、自在天的时候须要警惕，不能混用吠檀多传统的理解方式。例如，《唵声奥义书》说："自在天……是一切的知晓者，是内在的控制者，是一切的源头。众生由他产生，并最终消融在他之中。"[1]这样的理解是不适合帕坦伽利瑜伽的。

总结一下就是：

1. 帕坦伽利瑜伽是二元论的，传承的是数论哲

---

① 罗摩南达·普拉萨德英译，王志成、灵海汉译：《九种奥义书》，商务印书馆2017年版，第129页。

学。原人和原质是两个独立的、不同的实体。

2．在帕坦伽利那里，“自在天”具有特定含义，它指向一个特殊的原人。

3．以《唵声奥义书》为代表的吠檀多传统中的自在天及其表达（唵），不同于以《瑜伽经》为代表的数论传统中的自在天及其表达（唵）。

4．无视帕坦伽利瑜伽与吠檀多传统在自在天概念上的差异，会导致帕坦伽利瑜伽哲学体系的混乱。如果我们要维护经典的权威性，坚持经典的自我完备性，那么我们就需要立足于数论哲学来理解帕坦伽利《瑜伽经》。以前，我们没有特别注意到帕坦伽利《瑜伽经》中如此复杂的问题，往往就在字面意义上理解经文，还不加审视地接受过一些瑜伽士和瑜伽学者的解释，如今看来正本清源势在必行。

在历史上，由于吠檀多占据了绝对的主导地位，人们的思想和思维方式很大程度上都受到吠檀多的影响。正因如此，我们不知不觉接受了吠檀多传统的一些思想方式和理解方式，很容易把帕坦伽利《瑜伽经》中的自在天和吠檀多中的有德之梵相等同，并把吠檀多中的唵移植到《瑜伽经》的语境中。我们在这里做这个说明，无意让大家改变，只是让大家有一个清醒的认识，至少认识到不同哲学体系中的概念是不同的。

तज्जपस्तदर्थभावनम् ॥२८॥

tajjapastadarthabhāvanam //
tat-japaḥ-tat-artha-bhāvanam //

tat-它（Om），它的；japaḥ-重复念诵；artha-意义，目的；bhāvanam-冥想

常念此词，并冥想它的意义。（1.28）

帕坦伽利在这里告诉我们如何修习无智三摩地。这个方法就是念诵表达自在天的词唵（Om）。不仅要念诵，而且要冥想它的意义。它的意义是什么？就是自在天。唵等同于自在天，自在天是特殊的原人。Om也写作Aum。对于吠檀多，唵由A、U、M三个字母构成。A代表创造世界，系醒态；U代表维系世界，系梦态；M代表消融世界，系深眠态。帕坦伽利对唵的理解，并没有涉及这些。细心的读者也会注意到，佛教对唵的理解也有它独特的地方。

唵的念诵可以有不同的方式。如今瑜伽实践中常见的唵的念诵法来自吠檀多传统。如喜马拉雅瑜

伽传人韦达大师就属于吠檀多传统，他说要念诵唵的三个字母A、U、M，并说这三个字母分别代表醒态、梦态、深眠态。通过观想练习，会发现M中有秘密。做这种观想，一切的曼陀罗都会变成萨哈（Sohum）。最后，萨（Sa）和哈（Ha）也没有了，只剩下唵（Om）。在修习实践中，你当然可以采取吠檀多传统的念诵方法。[1]

如果问我在帕坦伽利瑜伽体系中如何念诵唵，我认为只要冥想的内容在《瑜伽经》规定的范围内即可，而念诵的发声方式可以有多种，无须定于一尊。赋予众多含义到唵上，应该是一种文化现象。而作为瑜伽士，则无须赋予，关注点应放在唵对自己心意的调整上。

---

① 关于唵的念诵和冥想修习方法，可以参考王志成：《阿育吠陀瑜伽》，四川人民出版社2018年版，第361—362、427—430页。

ततः प्रत्यक्चेतनाधिगमोऽप्यन्तरायाभावश्च ॥२९॥

tataḥ pratyakcetanādhigamo'pyantarāyābhāvaśca //
tataḥ pratyak-cetana-adhigamaḥ-api-antarāya-abhāvaḥ-ca //

tataḥ-于是，由此；pratyak-向内，朝内；cetana-觉知；adhigamaḥ-达到；api-也；antarāya-障碍；abhāvaḥ-缺乏，消失；ca-和

由此，觉知向内，障碍消除。（1.29）

当我们念诵唵时，觉知就转而向内（内省），并开始逐渐认识自身的本性，即原人、纯粹意识。同时，导致心意涣散的各种障碍被征服了、消除了。这里引出了一个非常特别的结论，那就是，念诵与专注可以消除认识和觉悟自我的障碍。人如果能把成长途中的障碍消除，其生命的灵性自然成熟。从终极意义上说，我们本来圆满，我们不是要增益什么，而是要恢复我们本来的模样。我们本来就是圆满的原人、纯粹的意识，只因错误地认同了原质而陷入了迷茫，不能认出自我的真实本性。所以，瑜伽修习，就是要消

除我们所不是的东西。

萨缇亚南达说，经文第23—29节是写给普通大众的。无身瑜伽士和消融于原质的瑜伽士，是天生的瑜伽士，他们不用修习，一出生就可以达到无智三摩地。那些具有信、力、念、慧的人，也可以达到无智三摩地。可余下的大多数普通人，他们要如何达到三摩地呢？帕坦伽利提供了一种简便的方法：念诵表达自在天的唵。[1]

---

① Swami Satyananda Saraswati, *Four Chapters on Freedom*, Bihar: Yoga Publications Trust, 1976, p. 87.

व्याधिस्त्यानसंशयप्रमादालस्याविरतिभ्रान्तिदर्शनालब्धभूमिकत्वानवस्थितत्वानि चित्तविक्षेपास्तेऽन्तरायाः ॥३०॥

vyādhistyānasaṃśayapramādālasyāviratibhrāntidarśanālabdhabhūmikatvānavasthitatvāni cittavikṣepāste'ntarāyāḥ//

vyādhi-styāna-saṃśaya-pramāda-ālasya-avirati-bhrāntidarśana-alabdhabhūmikatva-anavasthitatvāni citta-vikṣepāḥ-te-antarāyāḥ //

vyādhi-疾病；styāna-疲倦；saṃśaya-怀疑；pramāda-拖延；ālasya-懒惰；avirati-欲念；bhrāntidarśana-妄见；alabdhabhūmikatva-精神不集中；anavasthitatvāni-注意力不稳定；citta-心；vikṣepāḥ-涣散；te-它们，这些；antarāyāḥ-障碍

疾病、疲倦、怀疑、拖延、懒惰、欲念、妄见、精神不集中和注意力不稳定，这些心的涣散都是障碍。（1.30）

毗耶娑认为，疾病是由三个道夏（doṣa）、分泌物、器官失调引发的。根据阿育吠陀，三个道夏分别

是瓦塔（vāta）、皮塔（pitta）和卡法（kapha）。如果人的身体有问题，注意力就无法集中，思想就会涣散。所以，我们需要有一个健康的身体。但奇怪的是，有的人或宗派竟会肯定疾病，甚至鼓励生病！这是什么道理？从正面理解，人们在生病时可以充分反思自己的生活，因而更容易放下我执，回归正信，实现自我突破。从负面理解，这种心理似乎有点不正常，甚至可以说是病态的。人不应该渴望疾病，而应该坦然面对疾病并积极疗愈。尽管帕坦伽利瑜伽的注意力始终放在终极的三摩地、彻底的自由，即独存上，可他显然是不会鼓励患病的。

一切导致心的涣散的障碍都应该加以清理。帕坦伽利归纳了九类障碍。在他看来，这些障碍阻碍着我们走向三摩地，它们是“瑜伽的污垢、瑜伽的敌人和瑜伽的障碍”。[1]

从吠陀生命管理的角度看，这些障碍干扰着生命的正常运行，限制了我们意识的自我转化和提升，并将我们的自我遮蔽。这些障碍，有的是纯身体层面的，有的是心意层面的，有的是智性层面的。针对不

① 黄宝生译：《奥义书》，商务印书馆2010年版，第20页。

同层面的问题，要有相应的对治法。据说帕坦伽利也是阿育吠陀典籍的编撰者，因此他必定也通晓阿育吠陀。如果是这样，帕坦伽利一定关心身体的健康。不过，在《瑜伽经》中，帕坦伽利重点关注的不是身体（粗身）的问题，而是心的问题。

दुःखदौर्मनस्याङ्गमेजयत्वश्वासप्रश्वासा विक्षेपसहभुवः ॥३१॥

duḥkhadaurmanasyāṅgamejayatvaśvāsapraśvāsā vikṣepa-sahabhuvaḥ //
duḥkha-daurmanasya-aṅgamejayatva-śvāsa-praśvāsāḥ vikṣepa-sahabhuvaḥ //

duḥkha-痛苦；daurmanasya-沮丧；aṅgamejayatva-身体摇晃；śvāsa-吸气（不畅）；praśvāsāḥ-呼气（不畅）；vikṣepa-涣散；sahabhuvaḥ-伴随的征兆

心的涣散常伴随着痛苦、沮丧、身体摇晃和呼吸不畅。（1.31）

错误的瑜伽实践，特别是不当的体位和调息练习可能带来极大的伤害，尤其对神经系统。过去和现在的瑜伽权威都强调合格导师的重要性。[1]心涣散，瑜伽就难以实践，因为心的涣散伴随着内心的痛苦、

① Georg Feuerstein, *The Yoga-sūtras of Patañjali, a New Translation and Commentary*, Rochester: Inner Traditions International, 1989, p. 47.

沮丧，表现在身体上就是身体不稳、摇晃，呼吸也会出现问题。

也有不少瑜伽士，他们只关心心灵、关心灵性、追求解脱而忽视身体的健康。很显然，帕坦伽利非常重视身体。没有健康的身体，就难以达到三摩地，因为没有健康的身体，就意味着难以摆脱答磨和罗阇的钳制。有些瑜伽人把瑜伽完全理解为健身，还说这是帕坦伽利瑜伽。这也是错误的。尽管帕坦伽利重视身体的健康，但《瑜伽经》关注的核心是人的心，目标是三摩地。从吠陀生命管理的角度看，帕坦伽利瑜伽生命管理的对象不是病人，而是健康的人。它并不停留在粗身的健康上，而是寻求以此为前提，通过对心的控制达到最终的三摩地。

要补充的是，人的生命是有限的，时间是短暂的。趁有限的时间达成瑜伽的目标，才是关键。这并不是说，身体不太健康的人或者患病的人，就无法修习瑜伽，但至少要保证身体不妨碍我们的瑜伽修习。一般情况下，身体的健康对修习瑜伽是非常重要的。同时，鉴于生命的存续时间有限，努力在我们还健康的时候，在一切条件都还允许的情况下达成瑜伽目标，才是明智之举。

तत्प्रतिषेधार्थमेकतत्त्वाभ्यासः ॥३२॥

tatpratiṣedhārthamekatattvābhyāsaḥ //
tat-pratiṣedha-artham-eka-tattva-abhyāsaḥ //

tat-它们的；pratiṣedha-消除，阻止，抑制；artham-为了；eka-单一的，一个；tattva-对象，真理，真实，原则，方法，主题；abhyāsaḥ-修习

专注于一个真理可以消除心的涣散。（1.32）

这里的tattva一词很关键。如何理解该词直接影响我们对整节经文的理解。Tattva有真理、真实、原则、主题、对象、元素的含义。有些虔信瑜伽的信徒认为，eka-tattvaabhyāsaḥ可以翻译为“练习冥想唯一的真理”。“既然这部分（到这句经文为止）谈论的主题都是‘īśvara’，我们可以明白，帕坦伽利在此说的是：当我们全神贯注地冥想神，也就是吠陀文献中所称的‘绝对真理’时，我们将达到使我们免除一

切痛苦的完美境界。”[1]

很多人在注释这节经文时，都把该词理解为事物或对象，也就是说，通过专注于一个具体的对象可以消除心的涣散。

还有一种观点认为，应该理解为真理，即下面提到的七种真理。[2]在第33—39节经文中，帕坦伽利提供了七个真理选项。我们觉得这一理解相当合理。

这七个选项是：

1. 培养德行（1.33）；
2. 修习调息（1.34）；
3. 专注于引起精微感知的形式（1.35）；
4. 专注于内在之光（1.36）；
5. 专注于觉悟者之心（1.37）；
6. 专注于梦或深度睡眠的体验（1.38）；
7. 专注于符合自己心愿的对象（1.39）。

---

① 帕谭佳里著，霍华德·雷斯尼克英译，嘉娜娃中译：《瑜伽经》，中国社会科学出版社2017年版，第31页。引文有修订。

② Shyam Ranganathan, *Patañjali's Sūtra with an Introduction and Commentary*, India: Penguin Books, 2008, p. 108.

मैत्रीकरुणामुदितोपेक्षाणां सुखदुःखपुण्यापुण्यविषया
णां भावनातश्चित्तप्रसादनम् ॥३३॥

maitrīkaruṇāmuditopekṣāṇāṃ
sukhaduḥkhapuṇyāpuṇyaviṣayāṇāṃ
bhāvanātaścittaprasādanam //
maitrī-karuṇā-muditā-upekṣāṇāṃ sukha-duḥkha-puṇya-apuṇya-viṣayāṇāṃ bhāvanātaḥ-citta-prasādanam //

maitrī-友善；karuṇā-慈悲；muditā-喜悦，愉快；upekṣāṇāṃ-冷漠；sukha-幸福；duḥkha-不幸；puṇya-有德；apuṇya-邪恶；viṣayāṇāṃ-关于对象，对于（各自）对象；bhāvanātaḥ-通过培养种种态度；citta-心；prasādanam-平静

心的平静来自对德行的培养：对幸福者友善，对不幸者慈悲；对有德者喜悦，对邪恶者冷漠。（1.33）

帕坦伽利把人分为四种：

1. 幸福者；

2. 不幸者；

3. 有德者；

4. 邪恶者。

而心的平静来自德行，德行的培养可以从端正对待这四种人的相应态度开始，即：

1. 对幸福者友善；
2. 对不幸者慈悲；
3. 对有德者喜悦；
4. 对邪恶者冷漠。

萨奇答南达（Satchidananda）把这四种态度视为四把钥匙——把它们带在身上，遇到任何一把锁都可以打开。[1]

这节经文告诉我们要通过培养德行来保持心的平静。但人的德行之培养不能教条，而要灵活。帕坦伽利说，不同的人要用不同的方式对待。这是一种德行培养，更是一种智慧培养。因为，世人复杂，很多时候我们很难判断一个人是有德还是邪恶、是真幸福还是假幸福。没有人的额头上写着我是幸福者或不幸者、有德者或邪恶者。所以，帕坦伽利瑜伽对人的分辨力也是有要求的。如果无法区分一个人是不是幸福、是不是有德，那么他的瑜伽就还没有修到火候。然而，帕坦伽利并没

---

① Sri Swami Satchidananda, *The Yoga Sūtras of Patañjali with Translation and Commentary*, Virginia: Integral Yoga Publications, 2013, p. 51.

有告诉我们如何提升对德行的分辨力。他似乎更关心当事人德行之培养。他告诉我们，用不同的态度对待不同的人可以培养起让心平静的德行。

对于这一点，卡雷拉有很清楚的认识，他说："对幸福者友善，我们可能认为是很自然的。不幸的是，情况并不总是如此。有时，别人的幸福或成功往往映照出我们自身的失败与没有实现的欲望。尽管我们可能不会表现出明显的愤怒或抑郁，但我们的祝福却可能掺杂着忌妒与戒备。例如，如果一个朋友得到了一个我们渴望的职位，这种情况就可能发生。善念可能会被遗憾或忌妒销蚀。"[①]用好这四把钥匙实属不易。在不断的自我培养中慢慢获得正确的待人态度，从而让自己的心意不断得到控制，方能最终达到平静之境。

卡雷拉意识到这四把钥匙也要用于我们自身：对待我们自己的幸福要友善，对待我们自己的悲伤要慈悲；当我们展示德行时要喜悦，在消除我们的弱点时要坚定、忍耐。[②]

---

① Reverend Jaganath Carrera, *Inside the Yoga Sutras*, Virginia: Integral Yoga Publications, 2006, p. 81.

② Reverend Jaganath Carrera, *Inside the Yoga Sutras*, Virginia: Integral Yoga Publications, 2006, p. 84.

प्रच्छर्दनविधारणाभ्यां वा प्राणस्य ॥३४॥

pracchardanavidhāraṇābhyāṃ vā prāṇasya //
pracchardana-vidhāraṇābhyāṃ vā prāṇasya //

pracchardana-通过呼气；vidhāraṇābhyāṃ-通过住气；vā-或者；prāṇasya-呼吸的

或者，通过调节呼吸，使心平静。（1.34）

前一节是说要通过德行的培养获得心的平静，也就是说，要通过规范人的德行，把人教化成萨埵型的瑜伽人。而这节则教以气息调节让心获得平静。

关于调息和心意的关系，《哈达瑜伽之光》说："呼吸不稳，则心意不稳；呼吸稳定，则心意稳定。因此，瑜伽习练者要获得不动的心意，就应该控制住呼吸。"①

关于如何调息，帕坦伽利在第二章给予了具体

① 斯瓦特玛拉摩著，G. S. 萨海、苏尼尔·夏尔马英译并注释，王志成、灵海译：《哈达瑜伽之光》，四川人民出版社2018年增订版，第107页。

的指导。我们在前面也讨论了调息的问题。调息的方法多种多样，目的各有不同。有的调息是解脱导向的，帕坦伽利的调息即属此类。也有的调息是疗愈导向的，例如阿育吠陀和阿育吠陀瑜伽中的调息首先是为了疗愈、为了健康。[①]但不管是哪种调息，本质上都可以促进心的平静。

① 王志成编著：《阿育吠陀瑜伽》，四川人民出版社2018年版，第十三章。

विषयवती वा प्रवृत्तिरुत्पन्ना मनसः स्थितिनिबन्धनी ॥३५॥

viṣayavatī vā pravṛttirutpannā manasaḥ sthitinibandhanī //
viṣayavatī vā pravṛttiḥ-utpannā manasaḥ sthiti-nibandhanī //

viṣayavatī-感知，感觉，关于感觉对象的；vā-或者；pravṛttiḥ-精微的感知；utpannā-显示；manasaḥ-心意的，精神的；sthiti-稳定，平静；nibandhanī-固定，专注

或者，通过专注于精微的感知，使心平静。（1.35）

有时人们会对自己身上特殊（精微）的感知感兴趣。作为普通人，特殊的感知往往是让人充满信心和喜乐的。经验中获得的甜蜜或成就，会让我们更真实地专注其中。假如我们在学习一种练习方法，花了很长时间却毫无效果，我们可能就会怀疑，会失去兴趣，甚至就此放弃这一方法。同样，在瑜伽实践中，如果经过一个时期的练习却得不到特殊的感知，我们就不容易坚持下去了。

传统上，人们获得这种特殊感知的方式是专注

于鼻尖、舌尖、喉咙、肚脐下三寸、手心等。专注于鼻尖一段时间，就可能闻到某种香味；专注于舌尖一段时间，就可能尝到美食的滋味；专注于喉咙一段时间，就可能发出更有磁性的声音；专注于肚脐以下三寸一段时间，就可能感到内在的热和明显的能量聚集；专注于手心一段时间，就可能感到手上有气流动，闻到手心的香味。帕坦伽利认为，诸如此类的精微感知可以让心平静下来，有助于我们最终抵达三摩地。

विशोका वा ज्योतिष्मती ॥३६॥

viśokā vā jyotiṣmatī //
viśokā vā jyotiṣmatī //

viśokā-喜乐，没有悲伤；vā-或者；jyotiṣmatī-内在之光

或者，通过专注于至上的、永恒喜乐的内在之光，使心平静。（1.36）

这一节涉及了具象的内在之光。

光，在瑜伽中具有特别的作用。想象你内心有一道光，那是神圣之光，是意识之光，是至上自我（原人）之光，类似于吠檀多中内在的阿特曼之光。光照亮一切，驱散黑暗、恐惧、焦虑。常专注于此，可以让心平静自在，进而觉悟。

वीतरागविषयं वा चित्तम् ॥३७॥

vītarāgaviṣayaṃ vā cittam //
vīta-rāga-viṣayaṃ vā cittam //

vīta-摆脱，没有；rāga-执着，欲望；viṣayaṃ-对象；vā-或者；cittam-心

或者，通过专注于那些不执于欲望的觉悟者之心，使心平静。（1.37）

觉悟者都是不执于欲望的，例如佛陀、老子、庄子、商羯罗、辨喜、拉马那、尼萨格达塔。专注于圣人的心，可以让我们融入其中，减少心的波动。这一专注法是古鲁瑜伽（Guru Yoga）的一种有效修习方法。毗耶娑说，这是离欲法，“离欲成为心的所缘，瑜伽士的心受感染，达到安定的境界”。[1]

① 钵颠阇利著，黄宝生译：《瑜伽经》，商务印书馆2016年版，第25页。

स्वप्ननिद्राज्ञानालम्बनं वा ॥३८॥

svapnanidrājñānālambanaṃ vā //
svapna-nidrā-jñāna-ālambanaṃ vā //

svapna-梦，梦境；nidrā-睡眠；jñāna-知识，智慧；ālambanaṃ-支持，依靠；vā-或者

或者，通过专注于梦境或深度睡眠的经验，使心平静。（1.38）

梦境和深度睡眠的经验对瑜伽士很重要，因为它们可以揭示我们的潜在印迹以及自然秩序中万物的偶然性。专注于此，可使心平静，并有助于我们最终认识原人。

यथाभिमतध्यानाद्वा ॥३९॥

yathābhimatadhyānādvā //
yathā-abhimata-dhyānāt-vā //

yathā-根据；abhimata-选择的，希望的，渴望的；dhyānāt-通过冥想；vā-或者

或者，通过冥想符合自己心愿的对象，使心平静。（1.39）

对有些人来说，根据自己的心愿和爱好选定专注的对象，或许更容易使心平静下来。这个对象可以是一位择神，如卡利、罗摩、拉克什米、克里希那，也可以是其他任何符合自己心愿的事物。

परमाणुपरममहत्त्वान्तोऽस्य वशीकारः ॥४०॥

paramāṇuparamamahattvānto'sya vaśīkāraḥ //
parama-aṇu-parama-mahattva-antaḥ-asya vaśīkāraḥ //

parama-最终的，至上的；aṇu-原子的；mahattva-大；antaḥ-达到；asya-他的；vaśīkāraḥ-掌控

由此瑜伽士得以掌控冥想对象——小如原子，大至无限。（1.40）

这里，有个争议，就是瑜伽士只用上面提到的方法（第33—39节）能否达到三摩地。萨缇亚南达说，这是不可能的，但可以获得臻达三摩地所必需的心理和精神力量。人们难以掌控事物的精微之处，是因为还没有掌控自己的心（主要是心意）。[1]我们认为，不能这么武断，根器卓异之人，或许能够通过看似普通的方式臻达三摩地。

---

① Swami Satyananda Saraswati, *Four Chapters on Freedom*, Bihar: Yoga Publications Trust, 2013, p. 105.

क्षीणवृत्तेरभिजातस्येव मणेर्ग्रहीतृग्रहणग्राह्येषु तत्स्थतदञ्जनता समापत्तिः ॥४१॥

kṣīṇavṛtterabhijātasyeva maṇergrahītṛgrahaṇagrāhyeṣu tatsthatadañjanatā samāpattiḥ //

kṣīṇa-vṛtteḥ-abhijātasya-iva maṇeḥ-grahītṛ-grahaṇa-grāhyeṣu tatstha-tadañjanatā samāpattiḥ //

kṣīṇa-完全弱化的；vṛtteḥ-波动；abhijātasya-纯净的，天然的，无染着的，透明的；iva-像，似乎；maṇeḥ-水晶；grahītṛ-认知者；grahaṇa-认知；grāhyeṣu-认知对象；tat-那，它的；stha-站立，停留；tad-那，它的；añjanatā-呈现事物之形式；samāpattiḥ-进入同一之态即三摩地

纯净的水晶会呈现离它最近的物体的色彩，心也一样。当心的波动得到约束，认知者、认知对象、认知便会达成同一。这种与认知对象同一的状态被称作三摩地。（1.41）

这里，帕坦伽利用水晶做比喻。水晶的特点是它自身没有固定颜色，而呈现它周围物体的颜色。周围物体的颜色变了，水晶的颜色也就变了。心如果得

到了很好的修习，也就是说心尘得以清理，心变得纯粹，心的波动得到了约束，那么，心，作为认知者，就会和认知对象达成同一。

瑜伽修习在于修心，瑜伽就是约束心的波动。人心如水晶。心的净化要经历不同的阶段：先是有智三摩地，最终会进入圆满的无智三摩地之境。有智三摩地包含推理、反思、喜悦和有我这几个阶段，这几个阶段分别对应粗糙对象、精微对象、喜乐和有我这四类对象。回到以水晶喻心的例子：对心的波动约束程度越高，就相当于水晶的纯净度越高。不断修习瑜伽的过程，就是不断净化心的过程，其实质就是对心的波动的约束。不同层次的三摩地，代表着对心的波动约束的不同程度。

तत्र शब्दार्थज्ञानविकल्पैः सङ्कीर्णा सवितर्का समापत्तिः ॥४२॥

tatra śabdārthajñānavikalpaiḥ saṅkīrṇā savitarkā samāpattiḥ //
tatra śabda-artha-jñāna-vikalpaiḥ saṅkīrṇā savitarkā samāpattiḥ //

tatra-其中，那里；śabda-声音，名称，词；artha-对象，性质，意义；jñāna-知识；vikalpaiḥ-概念化，设想；saṅkīrṇā-混合；savitarkā-有寻，推理；samāpattiḥ-三摩地

心与专注的粗糙对象达成同一，但仍掺杂着名称、性质和知识的意识，称为有寻三摩地。（1.42）

我们所有的普通意识都离不开名称、性质和知识的复合。例如，“当看到一张桌子时，我们就会意识到：（1）对象的名称（‘桌子’）；（2）对象的性质（它的大小、形状、颜色、材质等）；（3）我们自己有关对象的知识（我们自己已感知它这一事实）。通过专注，我们可以与桌子达到同一，但心中

仍然留有名称、性质和知识的混合物”。[1]这是最低层的、专注于粗糙对象的三摩地。

① 斯瓦米·帕拉伯瓦南达、克里斯多夫·伊舍伍德著，王志成、杨柳译：《帕坦伽利〈瑜伽经〉及其权威阐释》，商务印书馆2016年版，第70—71页。

स्मृतिपरिशुद्धौ स्वरूपशून्येवार्थमात्रनिर्भासा निर्वितर्का ॥४३॥

smṛtipariśuddhau svarūpaśūnyevārthamātranirbhāsā nirvitarkā //
smṛti-pariśuddhau sva-rūpa-śūnya-iva-artha-mātra-nirbhāsā nirvitarkā //

smṛti-觉知，记忆；pariśuddhau-充分的净化，最高的净化；svarūpa-它自己的本性；śūnya-空；iva-像；artha-对象；mātra-仅仅；nirbhāsā-显现；nirvitarkā-无寻，无推理

心与专注的粗糙对象达成同一，且不掺杂名称、性质和知识的意识，只留下对象本身，称为无寻三摩地。（1.43）

有寻三摩地和无寻三摩地的区别就在于心中是否有名称、对象和知识的意识。

एतयैव सविचारा निर्विचारा च सूक्ष्मविषया व्याख्याता ॥४४॥

etayaiva savicārā nirvicārā ca sūkṣmaviṣayā vyākhyātā //
etayā-eva savicārā nirvicārā ca sūkṣma-viṣayā vyākhyātā //

etayā-同样的方式；eva-仅仅；savicārā-有伺，有反思；nirvicārā-无伺，非反思；ca-以及；sūkṣma-精微的；viṣayā-对象；vyākhyātā-被解释

当专注对象是精微之物时，也可以用同样的方式对所谓的有伺三摩地和无伺三摩地做出解释。（1.44）

这一节承前面两节。前面两节的专注对象是粗糙之物，而这里的专注对象是精微之物。专注于精微对象所达到的三摩地分两种，一种包含着名称、性质和知识的意识，一种不包含。前一种叫有伺三摩地，后一种叫无伺三摩地。

सूक्ष्मविषयत्वं चालिङ्गपर्यवसानम् ॥४५॥

sūkṣmaviṣayatvaṃ cāliṅgaparyavasānam //
sūkṣma-viṣayatvaṃ ca-aliṅga-paryavasānam //

sūkṣma-精微的；viṣayatvaṃ-作为对象，有性质的事物；ca-和；aliṅga-原质，无形者，未展示者；paryavasānam-结果

所有精微对象的背后都是原质这个最初因。（1.45）

有伺三摩地和无伺三摩地专注的是精微对象。这些对象的背后是它们的源头，即原质。也就是说，自然世界的最初因是原质。

前面已经说到数论哲学有两个基本范畴，即原人和原质。原人是纯粹意识，是不灭的；它的存在是多元的，也就是说有无数的原人。而原质只有一个，但却是变动的，它展示为三德，即答磨、罗阇和萨埵。原质和原人结合，成为宇宙性的“大”（mahat，宇宙理智，普遍性的菩提）。从“大”演化出宇宙性的我慢（ahaṁkāra，我原则，私我）。当

我慢由答磨主导，它和罗阇结合，演化出五唯，即色、声、香、味、触这五大精微元素（tanmātras）。这五大精微元素是非经验性的，难以辨别。五唯再演化出五大元素，即地、水、火、风、空。它们是可以经验、可以辨别的。当我慢由萨埵占主导，它和罗阇结合演化出心意（末那）。心意再演化出五知根和五作根，即眼、耳、鼻、舌、身，以及手、足、嘴巴、肛门、生殖器。

有寻三摩地和无寻三摩地专注的是粗糙元素或对象，有伺三摩地和无伺三摩地专注的是精微元素或对象。瑜伽冥想，本质上是一个反向的演化：从生活的表层入手，不断深入，寻找表象背后的原因，原因背后的原因，经历不同层次的三摩地，最终抵达最为内在的实在。[1]

---

① 斯瓦米·帕拉伯瓦南达、克里斯多夫·伊舍伍德著，王志成、杨柳译：《帕坦伽利〈瑜伽经〉及其权威阐释》，商务印书馆2016年版，第31页。

ता एव सबीजः समाधिः ॥४६॥

tā eva sabījaḥ samādhiḥ //
taḥ eva sabījaḥ samādhiḥ //

taḥ-它们；eva-确实；sabījaḥ-有种，有种子；samādhiḥ-三摩地

上面谈到的三摩地被称作有种三摩地。（1.46）

有寻三摩地、无寻三摩地、有伺三摩地、无伺三摩地、喜乐三摩地和有我三摩地都是有种三摩地。

在下面的经文中，帕坦伽利没有明确谈到喜乐三摩地和有我三摩地。《瑜伽经》的各种评注对此多有争议，我们不予介入。

निर्विचारवैशारद्येऽध्यात्मप्रसादः ॥४७॥

nirvicāravaiśāradye'dhyātmaprasādaḥ //
nirvicāra-vaiśāradye-adhyātma-prasādaḥ //

nirvicāra-无伺，非反思的；vaiśāradye-纯洁的；adhyātma-灵性的，有关自我的；prasādaḥ-照亮，清晰

在无伺三摩地中，至上自我的光辉照耀。（1.47）

在无伺三摩地中，内心清净。毗耶娑说："以光明为本质的知觉萨埵摆脱污垢的遮蔽，稳定的光流不被罗阇和答磨压倒，这是清澈。一旦无伺三摩地产生这种清澈，瑜伽士内心清净，明亮的智慧光芒以事物为对象，无关乎直接感知。"①

关于无伺三摩地的境界，毗耶娑用一首诗来表达：

① 钵颠阇利著，黄宝生译：《瑜伽经》，商务印书馆2016年版，第31页。引文有修订。

智者登上智慧的宫殿，
无忧无虑，犹如站在
高山之巅，俯瞰世间
充满忧虑的一切众生。[①]

① 钵颠阇利著，黄宝生译：《瑜伽经》，商务印书馆2016年版，第31—32页。

ऋतम्भरा तत्र प्रज्ञा ॥४८॥

ṛtambharā tatra prajñā //
ṛtambharā tatra prajñā //

ṛtam-真理；bharā-具有；tatra-那里；prajñā-智慧，知识

在这种三摩地中，知识可以说充满真理。（1.48）

在印度文化中，ṛtam和satyam是两个重要概念。

古代印度的仙人们认为，世界是进化的，但这个进化的世界并不简单是自然或物质的展示。他们相信，能量才是世界的本原，而比能量更精微的是存在（sat）。

存在有两个维度，一是相对的维度，一是绝对的维度。相对维度的存在就是可见的世界、相对的世界，可以为感官和心意所感知。绝对维度的存在是不变的、永恒的。梵文中，相对的存在称satyam，绝对的存在称ṛtam。

当瑜伽修习有了足够的火候时，瑜伽士就会进

入内在的经验，那时，感官和心意便都没了活动。因为没有通常的认知活动，相对世界变得黑暗了。而更高的境界，即绝对之境，则充满真理，充满终极性的经验。[①]这一理解，可以解开很多文化中神秘主义的谜团。正是在这种三摩地中，人们超越了日常的感官经验，而进入一个新的境地。

① Swami Satyananda Saraswati, *Four Chapters on Freedom*, Bihar: Yoga Publications Trust, 1976, p. 48.

श्रुतानुमानप्रज्ञाभ्यामन्यविषया विशेषार्थत्वात् ॥४९॥

śrutānumānaprajñābhyāmanyaviṣayā viśeṣārthatvāt //
śruta-anumāna-prajñābhyām-anya-viṣayā viśeṣa-arthatvāt //

śruta-经典；anumāna-推理；prajñābhyām-由此而来的知识或智慧；anya-不同的；viṣayā-对象；viśeṣa-特别的（真理）；arthatvāt-本质，目的

内容上它不同于通过推理和研习经典获得的知识，因为它涉及事物的本质。（1.49）

在这样的经验中，人所获得的知识是绝对的。它不同于来自推理和经典的知识，无关乎描述性的词语。通过推理和经典获得的知识基于心的波动，内容上不同于在无伺三摩地中获得的知识。帕坦伽利说，那知识触及本质，是关于原人或纯粹自我的知识，类似于吠檀多不二论中关于阿特曼的知识。

तज्जः संस्कारोऽन्यसंस्कारप्रतिबन्धी ॥५०॥

tajjaḥ saṃskāro'nyasaṃskārapratibandhī //
tat-jaḥ saṃskāraḥ-anya-saṃskāra-prati-bandhī //

tat-那，这些；jaḥ-生于，来自；saṃskāraḥ-潜在印迹；anya-其他的；pratibandhī-消除，克服，排除

三摩地加于心的印迹，会消除过去的所有其他印迹。（1.50）

在此三摩地中也会产生智慧的潜在印迹（般若印迹）。三摩地中产生的般若印迹会擦掉过去的所有印迹。这个过程，有时可以被视为有种三摩地和无种三摩地之间的过渡性三摩地。读者可能已经注意到了，第一章第17节谈到了喜乐三摩地、有我三摩地，但帕坦伽利后来并没有展开讨论。不过，帕坦伽利说过，有寻三摩地、无寻三摩地、有伺三摩地、无伺三摩地、喜乐三摩地、有我三摩地都属于有智三摩地。第一章第18节说，无智三摩地中没有认知，只有潜在印迹。而有智三摩地和无智三摩地都是有种三摩地。

因此可以说，在无伺三摩地、喜乐三摩地和有我三摩地中产生的印迹为般若印迹，它会消除以前的印迹。凭借分辨，瑜伽士得以进入无智三摩地，或称有种无智三摩地。

तस्यापि निरोधे सर्वनिरोधान्निर्बीजः समाधिः ॥५१॥

tasyāpi nirodhe sarvanirodhānnirbījaḥ samādhiḥ //
tasya-api nirodhe sarva-nirodhāt-nirbījaḥ samādhiḥ //

tasya-关于这；api-甚至（也）； nirodhe-约束，消除；sarva-所有的；nirodhāt-约束，消除；nirbījaḥ-无种，无种子；samādhiḥ-三摩地

当三摩地产生的印迹也被约束，不再有心的波动，就进入了无种三摩地。（1.51）

前面谈道，在有种三摩地中会产生般若印迹，这种印迹会不断消除原有的印迹。当原有的印迹被安全消除，最后连般若印迹也要被消除。毗耶娑说："当由般若造成的潜在印迹得到约束时，由于约束了一切，便进入了无种三摩地。无种三摩地不仅约束三摩地般若，也约束由般若造成的潜在印迹。为什么？这种约束产生的潜在印迹约束有种三摩地产生的潜在印迹。……心的波动停止，原人完全保持自己的原本

形态，而称为纯洁者、独存者和解脱者。”[①]

考虑到三摩地的谱系比较复杂，我们综合各家之说，特别是费厄斯坦（George Feuerstein）的观点，把《瑜伽经》中意识的次第（从醒态到独存）梳理如下：

1. 清醒意识阶段（日常意识）；
2. 制感阶段；
3. 专注阶段；
4. 冥想阶段；
5. 波动控制阶段；
6. 有寻三摩地；
7. 无寻三摩地；
8. 有伺三摩地；
9. 无伺三摩地；
10. 喜乐三摩地；
11. 有我三摩地；
12. 分辨智阶段；
13. 无智三摩地；
14. 法云三摩地；

---

① 钵颠阇利著，黄宝生译：《瑜伽经》，商务印书馆2016年，第33—34页。引文有修订。

15. 独存（最终的圆满）。[1]

其中，6—13都属于有种三摩地，法云三摩地等于无种三摩地，因为印迹都已经消除。由于人还在，所以法云三摩地可以被视为人进入独存之前的最后一道余光。我们认为，人处于法云三摩地中就是处于无种三摩地中。人进入了独存，可以说他作为一个具体的人已经不存在了。法云三摩地中的人属于在世解脱者，而进入独存的人，则已经不再作为一个人存活着了。

下面，我们就第一章的内容做一些总结和延伸。在第一章，帕坦伽利就下面的一些基本问题给出了基本的答案：

1. 瑜伽的定义与目标；
2. 人的状态：错误的认同；
3. 人回归原本状态的方法；
4. 人回归原本状态的障碍；
5. 消除障碍的方法；
6. 三摩地的谱系。

① Georg Geuerstein and Jeanine Miller, *The Essence of Yoga*, Vermont: Inner Traditions International, 1998, pp. 71-72.

帕坦伽利称，瑜伽就是约束心的波动。这一约束，在普通人那里是一种自我抑制或自我控制，而在帕坦伽利这里就是三摩地之境。所以，毗耶娑说，瑜伽就是三摩地。

我们之所以需要约束，是因为心的波动给我们带来了麻烦，其中最大的麻烦是，它使人陷入无明，困于生死流转之中。我们之所以会陷入这一境地，是因为我们混淆了我们的原人性和原质性。原人和原质混合，是一切问题的根源。瑜伽就是要让人重新认识自我，重新回到原人和原质的分离之态。

为了回到圆满状态，必须要有具体的方法。数论哲学告诉我们，人的本性是原人，而不是原质。一旦真正认识到这一点，人就会获得自由。帕坦伽利认同数论哲学的思想，但他认为单纯的思想认识与理论知识是不够的，还要有瑜伽实践。为此，帕坦伽利提供了两种方法，它们就如一只鸟的两只翅膀，缺一不可。这两种方法就是修习和不执。用生命管理的话说，就是通过修习和不执把生命一步一步引向圆满。

帕坦伽利非常清楚地告诉我们，通向生命圆满的途中有很多障碍。这些障碍都需要消除，否则，就不能达成生命的圆满，无法达到有种三摩地和无种三摩地，也就是无法达成瑜伽的目标。不消除这些障碍，生命的管理就是失败的。帕坦伽利提供了多种具体的方法来消除这些障碍。消除障碍的过程，就是生命走向圆满的过程。消除障碍的方法主要有：培养德行、修习调息、专注于引起精微感知的形式、专注于内在之光、专注于觉悟者之心、专注于梦境或深度睡眠的体验、专注于符合自己心愿的对象。

唯有消除了途中的障碍，实践瑜伽专注，才能达到不同的三摩地，实现生命圆满的目标。据帕坦伽利所说，三摩地分为有种三摩地和无种三摩地。有种三摩地包括有寻三摩地和无寻三摩地、有伺三摩地和无伺三摩地、喜乐三摩地和有我三摩地。无种三摩地则是三摩地的巅峰，在此境地，原质和原人彻底分离，人进入独存之境，生命管理就此完成。

从某种意义上说，作为体系性的瑜伽实践，第一章已经非常完整了。它涉及生命管理的目标（三摩地）、生命管理的缘由（人的错误认同）、生命管理的手段（修习和不执）、生命管理中可能遇到的障碍及消除这些障碍的方法、生命成长的不同阶段等。下一章，我们将会看到帕坦伽利如何展开更具体且有序的瑜伽教程。

我们对圣洁的《瑜伽经》第一章三摩地篇的翻译和注释就此结束。

॥ साधनपादः ॥

sādhana pādaḥ

第二章　修习篇

（凡55节经文）

第二章修习篇共计55节经文，涉及以下主题：痛苦、痛苦的消除、消除痛苦的目的、觉知、智慧之道、瑜伽八支、禁制、劝制、控制消极思想的方法、实践禁制和劝制的结果、坐法、调息、制感。

तपःस्वाध्यायेश्वरप्रणिधानानि क्रियायोगः ॥१॥

tapaḥsvādhyāyeśvarapraṇidhānāni kriyāyogaḥ //
tapaḥ-svādhyāya-īśvara-praṇidhānāni kriyā-yogaḥ //

tapaḥ-苦行，净化行动，把痛苦视为净化；svādhyāya-自我研习，研读；īśvara-自在天；praṇidhānāni-敬仰，顺从；kriyā-yogaḥ-实践瑜伽，克里亚瑜伽

苦行、自我研习和顺从自在天，构成了克里亚瑜伽。（2.1）

Tapaḥ一词来自词根tap，意思是燃烧，产生热。潜在印迹就是种子，条件成熟就会发芽。苦行就是燃烧，把种子烧焦，使其不再发芽。在这个意义上，tapaḥ（苦行）就是一种自我净化，瑜伽体位法、调息、手印、邦达（收束法）、专注、贞守、非暴力等皆为苦行。斯瓦米·萨缇亚南达提醒我们，这里的“热”不能仅仅理解为物理上的热，它也是普拉那之热、心意之热、灵性之热。正因如此，我们需要在消除潜在印迹这一深层意义上理解苦行，不能简单地把

苦行理解为某些“古怪”的行为和简单的身体外在表现。《薄伽梵歌》中，克里希那为我们提供了理解苦行的方法，即从三德的角度理解三类苦行，曰善良之德的苦行、激情之德的苦行和愚昧之德的苦行。很显然，善良之德的苦行才是真正的苦行，其目的在于消除种种潜在印迹，进入善良（萨埵）之德的生活。

Svādhyāya，一般理解为研读经典。斯瓦米·萨缇亚南达却认为，它在这里的含义同它在第二章第32节的含义不同。在第二章第32节中，它意思确是阅读经典。而在本节中，它的意思则是从不同角度研究、理解自我的本性，即自我研习。这种研习包括了身、心、灵三个维度。研究自我，就是直面自己的纯粹意识。在一般情况下，我们可以这么理解：它的第一层意思是阅读有助于解脱的经论以及随后的唱诵；第二层意思是在此基础上进入的对自我（原人）的探究。

Īśvara praṇidhānāni，义为顺从自在天。通常认为人需要顺从一位外在的神，但这里的自在天并不是外在的神，而是一个特殊的原人——特别的纯粹意识，它本质上是人的内在的真正自我。有关自在天的讨论，可以参考第一章第23—29节经文及其注释。在帕坦伽利这里，īśvara praṇidhānāni可以理解为安住在自在天中。在特定阶段，用某种外在形式作为中介也是可以的，但最终必须超越这种外在的二元性的崇拜，安住在真正的自我之中。

Kriyā-yogaḥ，克里亚瑜伽，可以理解为实践瑜伽或行动瑜伽。它的理念大致是，通过净化身心（苦行），认识自我（自我研习），进而安住内在自我中（顺从自在天）。

समाधिभावनार्थः क्लेशतनूकरणार्थश्च ॥२॥

samādhibhāvanārthaḥ kleśatanūkaraṇārthaśca //
samādhi-bhāvana-arthaḥ kleśa-tanū-karaṇa-arthaḥ-ca //

samādhi-三摩地；bhāvana-产生，展示，引起；arthaḥ-意义，目的，目标；kleśa-痛苦，障碍，烦恼；tanū-变薄，变瘦，变弱；karaṇa-引起，做，行动，影响；ca-和

它助人减少痛苦，达到三摩地。（2.2）

普遍认为，克里亚瑜伽可以减少痛苦，消除障碍，使修习者最终达到三摩地。我们已经看到，帕坦伽利是一个典型的目标导向的瑜伽士。他的瑜伽教学的思想和方法都直接服务于瑜伽的目标，即三摩地。脱离三摩地这一瑜伽目标，《瑜伽经》也就不成其为“瑜伽经”了。正是为了达成这一瑜伽目标，他才建立了这样一个系统的实践体系。帕坦伽利一刻不停地密切关注着他的瑜伽目标。

费厄斯坦提醒说，克里亚瑜伽并不是八支瑜伽的预备，它本身就是八支瑜伽。克里亚瑜伽包含两个

方面：修习和不执。修习包括苦行、自我研习和顺从自在天；不执包括相对不执和绝对不执。达到了绝对不执就达到了瑜伽的巅峰——无种三摩地。[①]艾扬格则把瑜伽八支归入修习。苦行包括禁制、劝制、体位和调息；自我研习包括制感和专注；顺从自在天包括冥想和三摩地。[②]费厄斯坦、艾扬格等人的理解十分重要，有助于我们理解《瑜伽经》的内部结构。如果我们简单地把克里亚瑜伽视为八支瑜伽的预备，那么可能就不容易理解这些“预备”内容在八支瑜伽中的反复出现。事实上，克里亚瑜伽是一个整体说法，它要落实到八支瑜伽的具体实践中。

---

① Georg Feuerstein, *The Yoga-sūtras of Patañjali, a New Translation and Commentary*, Rochester: Inner Traditions International, 1989, p. 60.

② B. K. S. Iyengar, *Light on the Yoga Sūtras of Patañjali*, London: Thorsons, 1993, p. 110.

अविद्यास्मितारागद्वेषाभिनिवेशाः क्लेशाः ॥३॥

avidyāsmitārāgadveṣābhiniveśāḥ kleśāḥ //
avidyā-asmitā-rāga-dveṣa-abhiniveśāḥ kleśāḥ //

avidyā-无明，无知；asmitā-有我，我感觉；rāga-贪恋，喜欢；dveṣa-厌恶；abhiniveśāḥ-贪恋生命，恐惧死亡；kleśāḥ-痛苦，障碍，烦恼

这些痛苦是无明、有我、贪恋、厌弃和惧怕死亡。（2.3）

既然克里亚瑜伽可以减少痛苦，那么，痛苦是什么？

Kleśāḥ一词，有痛苦、烦恼、障碍的意思。心的波动有的痛苦，有的不痛苦。而痛苦的波动有的是外显的，有的是潜在的。很多时候，我们是体验不到痛苦的，但经过深究可能就会发现，表面的不痛苦其实掩盖着深处的痛苦。帕坦伽利认为阻碍我们达到三摩地的痛苦，有无明、有我、贪恋、厌弃和惧怕死亡这五种。在这五种痛苦中，最基本的是无明；有我则主

要是认知上的，它源于错误认同，是无明的个体化的落实；其他三种则是因错误认同而表现出来的基本状态，其中惧怕死亡乃是喜欢（贪恋）、不喜欢（厌弃）和有我的巅峰表现。

अविद्या क्षेत्रमुत्तरेषां प्रसुप्ततनुविच्छिन्नोदाराणाम् ॥४॥

avidyā kṣetramuttareṣāṃ prasuptatanuvicchinnodārāṇām //
avidyā kṣetram-uttareṣāṃ prasupta-tanu-vicchinna-udārāṇām //

avidyā-无明，无知；kṣetram-领域，场；uttareṣāṃ-对于其他；prasupta-潜伏的；tanu-微弱的；vicchinna-间断的；udārāṇām-活跃的

无明生出其他所有痛苦。这些痛苦可能是潜伏的、微弱的、间断的或活跃的。（2.4）

所有的痛苦都有其原因。人们对一件痛苦的事可以做出多种分析，找到种种导致痛苦的原因。但人们有时会陷入迷茫，因为当他发现某个原因的时候，他同时也会发现相关的其他原因。事物彼此关联，单纯线性的因果关系是不多的。任何一物的存在都是关系性的存在。

帕坦伽利超越了这种迷茫，他认为所有痛苦总的根源在于无明。正是无明，造成了无穷无尽的痛苦。那么这个“无明”究竟是什么意思？帕坦伽利

说，无明的本质就是不明白自己的真实身份，错误地认同于非我，或者说，认同于三德变幻出来的对象。

帕坦伽利提到了痛苦的四种状态：潜伏的、微弱的、间断的、活跃的。潜伏，是说你还没有感受到痛苦，但只要条件具备，它们就会浮现出来并影响你，让你感到痛苦。微弱，是说痛苦不强烈。间断，是说痛苦出现了，又消失了，然后又出现了，又消失了，呈现出不确定、不稳定、阶段性发作的状态。活跃，是说这些痛苦正折磨着你。毗耶娑研究了痛苦实际呈现的状态，又补充了一种，就是烧焦的种子状态。烧焦的种子不会发芽。毗耶娑告诉我们，“灭尽痛苦的智者据说只有最后一身。只是在他这里，而不是在别处，有痛苦的第五种状态，即烧焦的种子状态。这时，那些痛苦还存在，但它们的种子能力（发芽的能力）已被烧毁。即使面对感官对象，它们也不会醒来”。[1]

① 钵颠阇利著，黄宝生译：《瑜伽经》，商务印书馆2016年版，第36—37页。引文有修订。

अनित्याशुचिदुःखानात्मसु नित्यशुचिसुखात्मख्यातिरविद्या ॥५॥

anityāśuciduḥkhānātmasu nityaśucisukhātmakhyātiravidyā //
anitya-aśuci-duḥkha-anātmasu nitya-śuci-sukha-ātma-khyātiḥ-avidyā //

anitya-无常；aśuci-不净，不纯粹的；duḥkha-苦，痛苦的；anātmasu-非我，非自我；nitya-常，永恒；śuci-净，纯粹；sukha-乐，快乐；ātma-我，自我；khyātiḥ-理解，区分，知识，观点；avidyā-无明，无知

把无常、不净、苦、非我认同为常、净、乐、我，这就是无明。（2.5）

需要指出的是，吠檀多哲学家在理解独“一”无二的梵（brahman）如何演化成现象的“多”的方面，一直备受困扰。商羯罗大师用avidyā（无明，无知）、ajñāna（无智）或māyā（摩耶，幻）来解释。他之后的吠檀多哲学家，把māyā当作原因，而把avidyā和ajñāna当作结果。这里，帕坦伽利以他的方式理解avidyā。很显然，这种理解是认识论意义上

的。帕坦伽利认为，无明是一切痛苦的最终根源。它的本质是“倒置”：

1．把无常认同为常。由此陷入无尽的生死流转中。人，本质上都在追求永恒的存在、智慧和喜乐。但由于错误认同，把无常视为常，如何可能获得永恒？得不到永恒，就会焦虑和痛苦。

2．把不净认同为净。需要注意的是，这里的“不净”并不是一个道德判断。一般来说，这个词是在“不混淆／混合其他的实质之物”的意义上使用的。数论和数论瑜伽的中的至上原人并不是由要素混合而成，原人本质上也不会进化或退化。混合之物都会变化，而原人不变。一切变化的都不可能是原人。卡雷拉说，这节经文也提醒我们“假神崇拜”的陷阱。人们可能将名声、权力、金钱都加以神化，然而它们都是不断变化的。我们将这些有限的目标或对象偶像化，就意味着我们就被无明掌控了。[①]

3．把苦认同为乐。这个世界的存在是二元性的，或者说是多元化的、混合的。苦乐当然不是固定的，而是随着条件的变化而变化的。面对痛苦，心态

① Reverend Jaganath Carrera, *Inside the Yoga Sutras*, Virginia: Integral Yoga Publications, 2006, p. 107.

不同，结果也不同。然而，除了在三德之中理解苦乐之外，还应跳出三德之外，通过对三德的深入分析，认识到身处三德之中痛苦的必然性，并最终超越三德，回到本来的原人状态，即自我的永恒喜乐的状态。

4. 把非我认同为我。三德构成之物及其各种显现即为非我。我就是原人，就是自我，就是真我。原人，不变，永恒，圆满；而非我则是短暂的，有限的，变化的。把非我认同为我，就是迷失了自我。

现实中的大多数人误把无常、不净、苦、非我认同为常、净、乐、我，而帕坦伽利的瑜伽实践，就是要通过对生命的重新管理，“倒转”生命状态，使之回到常、净、乐、我的本真状态。

दृग्दर्शनशक्त्योरेकात्मतेवास्मिता ॥६॥

dṛgdarśanaśaktyorekātmatevāsmitā //
dṛk-darśana-śaktyoḥ-eka-ātmatā-iva-asmitā //

dṛk-见者，原人，意识力；darśana-所见，认知；śaktyoḥ-能力，具有能力；ekātmatā-认同；iva-似乎，好像；asmitā-有我

见者认同所见，这就是有我。（2.6）

见者就是目击者，就是原人，它是一种意识力，是主体。所见就是目击的对象。“有我”就是把见者认同为所见。毗耶娑说：“原人是意识的主体力，而认识的意志是见的工具性力量。这两种力量似乎同一，这就是‘有我’。”[1]萨拉斯瓦蒂说：“有我”就是把原人认同为它的工具的意识。因为有了这种朝下、朝外的认同，执着就会生成，伴随着执着过

① Rāma Prasāda, *Patañjali's Yoga Sūtras with the Commentary of Vyāsa and the Gloss of Vācaspati Miśra*, Oriental Books Reprint Corporation, 1912, p. 99.

程的就是痛苦。

更进一步，瑜伽实践，不仅要我们避免把对象视为见者，而且要我们把所有他人都视为见者。在处理人与人之间的关系时，要充分意识到其他主体的见者身份，而不是把目击对象当作主体或见者。这是瑜伽实践者正确处理自己与他人关系的一个基础。有人更进一步，由此得出结论说，既然其他生灵本质上也是见者，我们就应该成为素食主义者。人在世上生活，要做到彻底的非暴力是几乎不可能的，凡事都要有一个度。关于素食主义，是有争议的。不过，我们应当保持开放的态度。

这里，我们顺便解释一下asmitā和ahaṁkāra的区别。大体可以这么理解：

Asmitā，可以翻译为“有我”，它是对内的，是功能性的；

Ahaṁkāra，可以翻译为“我慢”“我执”，它是对外的，是结构性的。

帕坦伽利没有谈ahaṁkāra，只用了他自己创造的词asmitā。韦达大师说，我慢是从“大”衍生出来的，是本质性或结构性的物。而有我是原人显化在菩提中生起的过程，是一种痛苦或烦恼。不过，这两个词是很难区分的。大多数情况下，人们使用的是“我慢”，“有我”的用例少见。

सुखानुशयी रागः ॥७॥

sukhānuśayī rāgaḥ //
sukha-anuśayī rāgaḥ //

sukha-快乐，欢愉；anuśayī-伴随，与一个结果有关；rāgaḥ-贪恋，喜欢

贪恋就是总想着欢愉。（2.7）

贪恋是人性固有的特征。不同人在不同状况下有不同的贪恋。普通人贪恋普通事物。有修为的人也有其贪恋的事物。在社会中，不同的人生活在一个共同的大空间里。有比较，就有差异；有对比，就有伤害。有些人的贪恋比其他人层次低，这些人往往更容易遇到问题。那些贪恋比较高远的事物的人，则不容易和他人发生冲突，似乎也更有智慧。

就世俗中人而言，贪恋绝对是一门艺术。普通的贪恋和高级的贪恋或者说瑜伽士的贪恋都是对欢愉的渴望。较低层面的欢愉更多地和物质利益、感官享受、权力等结合在一起。较高层面的欢愉则和人的精

神追求联结在一起。更高层面的欢愉，指向生命的圆满，可以用自由、解脱、觉悟、得救这类词来描述。帕坦伽利这里所谈的贪恋应该属于层次比较低的类型，主要是激情（罗阇）层面的贪恋。

दुःखानुशयी द्वेषः ॥८॥

duḥkhānuśayī dveṣaḥ //
duḥkha-anuśayī dveṣaḥ //

duḥkha-痛苦；anuśayī-伴随，与一个结果有关；dveṣaḥ-厌弃，不喜欢

厌弃就是总想着痛苦。（2.8）

贪恋就是总想着欢愉，而厌弃就是总想着痛苦。厌弃一般是基于过往的经验，以及通过潜意识伴随而来的思想渗透。这种过往的经验和思想的渗透会让我们的心绪处在一种消极的状态，人因此会变得烦躁、厌倦，甚至充满憎恨。

厌弃可能导致孤立、冲突和暴力，造成人际关系、家庭生活、工作事业等方面的失败。

स्वरसवाही विदुषोऽपि तथारूढोऽभिनिवेशः ॥९॥

svarasavāhī viduṣo’pi tathārūḍho’bhiniveśaḥ //
svarasa-vāhī viduṣaḥ-api tathā-rūḍhaḥ-abhiniveśaḥ //

sva-自己的；rasa-本质，菁华，味道；vāhī-流动；viduṣaḥ-智者，有学识的人；api-也，甚至，即使；tathā-因而；rūḍhaḥ-生长，发芽；abhiniveśaḥ-惧怕死亡，贪恋生命

惧怕死亡就是渴望生命永驻——即使智者也不例外。（2.9）

众生都惧怕死亡。惧怕死亡是有基因基础的，不惧怕死亡的物种容易灭亡。正因为对死亡的恐惧和对生命的贪恋，生物体才能更好地自我保存和繁衍。但瑜伽修习却需要克服对生命的贪恋。不过，这并不容易，甚至智者也惧怕死亡。毗耶娑就说：“受到死亡痛苦体验的熏习，对于智者和愚者是相同的。”[1]我的一个学生去听一位名教授讲《庄子》。

① 钵颠阇利著，黄宝生译：《瑜伽经》，商务印书馆2016年版，第41页。

这位教授是一位诚恳可亲的老人。他对在座的众多学生说，尽管我研究《庄子》多年，我还是惧怕死亡，没有解决生死问题。还有一位著名哲学教授，90多岁了，也非常惧怕死亡。尽管他长期研究哲学问题，但对于死亡、对于死后仍有一种莫名的恐惧。这两位教授可以说都是智者，但正如毗耶婆所说的，他们和普通人一样都受到死亡痛苦体验的熏习。但是，当瑜伽士真正明白了他的原人本性而超越三德之束缚的时候，他就不会再惧怕死亡，因为他知道他自己乃是自存永存的原人——何来死亡？！然而，普通人要达到这个境地，是需要付出极大努力的。

ते प्रतिप्रसवहेयाः सूक्ष्माः ॥१०॥

te pratiprasavaheyāḥ sūkṣmāḥ //
te prati-prasava-heyāḥ sūkṣmāḥ //

te-这些；prati-相反的，反向的；prasava-生长，成长，进化；heyāḥ-摧毁；sūkṣmāḥ-精微的

当这些痛苦变得精微时，就可以通过返回到它们的最初因即原质将之摧毁。（2.10）

痛苦变得精微，意味着痛苦处于潜伏的或微弱的状态（2.4）。对于这种精微状态的痛苦，帕坦伽利建议以“返回”之道，也就是返回到原质的方法，予以应对。毗耶娑说：“这五种痛苦如同烧焦的种子，在瑜伽士的心完成任务而安定时，与瑜伽士的心一起消失。”[1]

① 钵颠阇利著，黄宝生译：《瑜伽经》，商务印书馆2016年版，第41页。

ध्यानहेयास्तद्वृत्तयः ॥११॥

dhyānaheyāstadvṛttayaḥ //
dhyāna-heyāḥ-tat-vṛttayaḥ //

dhyāna-冥想；heyāḥ-摧毁，放弃；tat-那，它们的；vṛttayaḥ-（活跃的）波动

冥想可以摧毁充分发展了的痛苦。（2.11）

潜伏的和微弱的痛苦可以通过返回到它们的最初因消除。而间断的和活跃的痛苦，帕坦伽利认为可以通过冥想来摧毁。萨拉斯瓦蒂说，这节经文应该放在上一节经文之前。[①]因为，心的波动都有四个阶段，从潜伏、微弱、间断到活跃。我们要先处理间断的和活跃的波动，也就是展示出来的波动。已经展示出来的波动，我们可以通过冥想来摧毁。但我们无法通过冥想来消除那些没有明显展示的波动，也就是潜伏的和微弱的波动。对于这些痛苦（波动），处理方法就是使其返回到最初因。

---

① Swami Satyananda Saraswati, *Four Chapters on Freedom*, Bihar: Yoga Publications Trust, 2013, p. 154.

kleśamūlaḥ karmāśayo dṛṣṭādṛṣṭajanmavedanīyaḥ //
kleśa-mūlaḥ karma-aśayaḥ dṛṣṭa-adṛṣṭa-janma-vedanīyaḥ //

kleśa-痛苦；mūlaḥ-起源，根源；karma-行动，业力；aśayaḥ-工具，容器；dṛṣṭa-可见的；adṛṣṭa-不可见的；janma-出生；vedanīyaḥ-体验到，产生业的经验

痛苦是业之根。它们都会在可见的今生或不可见的来世体验到。（2.12）

帕坦伽利在这里谈到了痛苦和人的再生的关系。只要有痛苦，必定产生潜在印迹，而潜在印迹既影响可见的今生，也影响不可见的来世。如果不能终止业的活动，我们必定有生死轮回。业的活动产生的潜在印迹，要么是善业，要么是恶业，要么是不善不恶的业。影响人的主要是善恶之业。善业可以助人进入天堂，恶业则使人走向更低的生命状态。只有消除业，才能解决根本问题。这里要特别说明的是，这里的痛苦是对业的定性，包含善业和恶业。事实上，不管产生的是善业还是恶业，人都不能摆脱生死轮回的命运。

सति मूले तद्विपाको जात्यायुर्भोगाः ॥१३॥

sati mūle tadvipāko jātyāyurbhogāḥ //
sati mūle tat-vipākaḥ jāti-āyuḥ-bhogāḥ //

sati-存在；mūle-根；tat-它的；vipākaḥ-果；jāti-物种，出生，生命状态；āyuḥ-寿命；bhogāḥ-经验

只要业的根在，它就会成熟，导致不同的出生、寿命以及生活经验。（2.13）

在印度传统文化中，业是一个非常重要的概念。离开业这个概念，印度文化就无法理解。同样，离开业的概念，传统瑜伽也无法理解。毗耶娑在注释《瑜伽经》时，对这节经文做了很长的注释，核心就是讨论业和果报之间的关系。瑜伽修习是要把一切业消除，使其如烧焦的种子一般。种子一旦烧焦，就不会再发芽；业一旦烧焦，就如烧焦的种子一般，不再产生果报。

这里，我们并不准备跟随毗耶娑探讨业和果报之间具体的关系。因为，这里面有着太多的猜测

和不确定。我们只需明白并确信：只要业的根在，它就会带来果报，表现在出生、寿命以及生活经验上。

ते ह्लादपरितापफलाः पुण्यापुण्यहेतुत्वात् ॥१४॥

te hlādaparitāpaphalāḥ puṇyāpuṇyahetutvāt //
te hlāda-paritāpa-phalāḥ puṇya-apuṇya-hetutvāt //

te-它们（业）；hlāda-快乐；paritāpa-痛苦；phalāḥ-果实，结果；puṇya-善；apuṇya-恶；hetutvāt-原因

快乐和痛苦的经验分别是善行和恶行的结果。（2.14）

这里继续因果思想，尤其是善行／恶行和快乐／痛苦的经验之间的关系。

我们应该知道，三德主宰下的现象世界遵循着稳定的因果关系。一般而言，快乐的经验来自善行，痛苦的经验来自恶行。如果以善行为因，我们就得到快乐的经验；如果以恶行为因，我们就得到痛苦的经验。萨奇答南达说："快乐与不快乐的生活都是你自己的创造。没有其他人为此负责。如果记得这一点，

你就不会抱怨任何人了。你是你自己最好的朋友，也是你自己最坏的敌人。”[1]

① Sri Swami Satchidananda, *The Yoga Sūtras of Patañjali with Translation and Commentary*, Virginia: Integral Yoga Publications, 2013, p. 93.

परिणामतापसंस्कारदुःखैर्गुणवृत्तिविरोधाच्च दुःखमेव सर्वं विवेकिनः ॥१५॥

pariṇāmatāpasaṃskāraduḥkhairguṇavṛttivirodhācca duḥkhameva sarvaṃ vivekinaḥ //
pariṇāma-tāpa-saṃskāra-duḥkhaiḥ-guṇa-vṛtti-virodhāt-ca duḥkham-eva sarvaṃ vivekinaḥ //

pariṇāma-变化、结果，转变；tāpa-焦虑，痛苦；saṃskāra-潜在印迹；duḥkhaiḥ-痛苦；guṇa-德，德性；vṛtti-波动；virodhāt-冲突；ca-和；duḥkham-痛苦的；eva-确实；sarvaṃ-所有的；vivekinaḥ-对于有分辨力的人

由于变化、焦虑、潜在印迹的痛苦，也由于三德运行的冲突，对于有分辨力的人来说，确实一切都是痛苦的。（2.15）

人的生老病死是对人的普遍的限制，人的快乐和痛苦依赖于善业和恶业。我们要获得快乐，却往往表现出焦虑，因为我们惧怕失去那些已经获得的。快乐和痛苦是一枚硬币的两个面，它们都属于生成变化的现象世界，是时刻变化的。心中的潜在印迹在某个

时候一定会表现出来。这些变化、焦虑和潜在印迹都会带来痛苦。

根据数论哲学，世上之人由两部分构成：一部分是原人，即纯粹意识，这是我们真正的身份所在；另一部分是原质，原质有三种德性，即萨埵、罗阇和答磨。人人都受制于三德，人生在世就如木偶一样被三德宰制。所以，对于有分辨力的人来说，不管是被萨埵主宰，还是被罗阇或答磨主宰，本质上都是不自由的，都是痛苦的。换言之，只要还被三德主宰，人就是痛苦的。这里的痛苦，很多人不能理解。这是从自由、解脱、觉悟、独存的意义上说的。普通人面对好吃的、好玩的、好看的，自然不会觉得痛苦。但有分辨力的人却能将表面的苦乐看穿，洞悉所有现象的痛苦本质，就如佛陀明白一切皆苦一样。

हेयं दुःखमनागतम् ॥१६॥

heyaṃ duḥkhamanāgatam //
heyaṃ duḥkham-anāgatam //

heyaṃ-可以避免的，可以克服的；duḥkham-痛苦；anāgatam-还未到来

还未到来的痛苦是可以避免的。（2.16）

从时间上说，痛苦可以分为过去的、现在的和未来的。过去的痛苦已经经历，不能更改。并且过去的痛苦的经历已经通过潜在印迹留存了下来，潜在地影响着现在和未来。现在的痛苦正在经历，似乎也不能改变。我们唯一可以改变的就是那些还没有发生的痛苦。

因为还没有发生，所以就有可能改变它。改变的方法有多种，例如，可以改变该痛苦发生的条件，使其不发生或延缓发生。而最根本的方法是消除这种痛苦的源头。认识到我们是原人，是目击者，不是目击对象，不是原质以及原质的显化，这才是瑜伽正

见。一旦有了瑜伽正见，心态就变了，对待痛苦的态度就变了，而所谓的痛苦也会随之发生变化。

द्रष्टृदृश्ययोः संयोगो हेयहेतुः ॥१७॥

draṣṭṛdṛśyayoḥ saṃyogo heyahetuḥ //
draṣṭṛ-dṛśyayoḥ saṃyogaḥ heya-hetuḥ //

draṣṭṛ-见者；dṛśyayoḥ-所见；saṃyogaḥ-结合，合一；heya-可避免的；hetuḥ-原因

见者和所见结合，是可以避免的痛苦的原因。（2.17）

前面谈到可以避免还没有发生的痛苦。如何避免呢？吠檀多说，通过自我知识。那么数论瑜伽又如何说呢？根据数论瑜伽，痛苦的根源就在于原人和原质的结合，也就是见者和所见的结合。明白了这一痛苦产生的根源，也就找到了解决问题的思路，那就是让见者和所见分离，即通过瑜伽让原人和原质分离。正是在这一意义上，我们理解到帕坦伽利瑜伽并不是“合一”瑜伽，而是“分离”瑜伽。

प्रकाशक्रियास्थितिशीलं भूतेन्द्रियात्मकं भोगापवर्गार्थं दृश्यम्
॥१८॥

prakāśakriyāsthitiśīlaṃ bhūtendriyātmakaṃ
bhogāpavargārthaṃ dṛśyam //
prakāśa-kriyā-sthiti-śīlaṃ bhūta-indriya-ātmakaṃ
bhoga-apavarga-arthaṃ dṛśyam //

prakāśa-照亮，揭示；kriyā-克里亚，活力，行动；sthiti-惰性；śīlaṃ-本性，自然；bhūta-元素；indriya-感官；ātmakaṃ-由……构成，具有……的性质，所包含；bhoga-经验；apavarga-解脱；arthaṃ-目的； dṛśyam-所见

所见具有三德的性质，即光明、活力和惰性，它们由诸元素和感官构成，目的是为见者提供经验，并让见者从中获得解脱。（2.18）

三德主导的人，因为占据主导的德性不同而处于不同的生命状态。萨埵占主导，是善良的生命状态，充满光明；罗阇占主导，是激情的生命状态，充满活力；答磨占主导，是愚昧的生命状态，充满惰性。

人性不是固定的，而是变化的，这是因为人的

主导德性不同。简单地说人性本善或人性本恶，都是不科学、不合理的。人性的状态反映了三德的状态。这些德性通过五大精微元素、五大感觉器官、五大行动器官、五大粗糙元素、我慢、心意、菩提、“大”等显现出来。这些元素和感官等的存在，是为了给见者（原人）提供粗糙的和精微的经验，并使之从中获得解脱。离开这些元素和感官等，就没有条件为见者提供丰富的经验，也就无法为原人提供解脱的可能和媒介。这里，帕坦伽利的哲学和数论哲学一样，都一再坚持了它们的目的论。世上的一切现象，其存在都是有目的的，都是为了一个更高的目的而提供存在的经验。

विशेषाविशेषलिङ्गमात्रालिङ्गानि गुणपर्वाणि ॥१९॥

viśeṣāviśeṣaliṅgamātrāliṅgāni guṇaparvāṇi //
viśeṣa-aviśeṣa-liṅga-mātra-aliṅga-āni guṇa-parvāṇi //

viśeṣa-有分别的，特定的，有特征的；aviśeṣa-无分别的，非特定的，无特征的；liṅga-分化的，有标志的；mātra-只是，仅仅；aliṅga-未分化的，无标志的；āni-是；guṇa-德；parvāṇi-阶段

三德要经历有特征的、无特征的、分化的和未分化的四种状态。（2.19）

具体而言：

由五大粗糙元素构成的部分，是有特征的；

由五大精微元素和我慢构成的部分，是无特征的；

由“大”或“觉”或宇宙智性构成的部分，是分化的；

当原质处在平衡、稳定的状态时，三德就处于未分化的状态。

瑜伽实践者先要依次经历有特征的、无特征的、分化的状态，最后经历未分化的状态。这些状态，被有些瑜伽士视为三摩地的不同阶段，即粗糙、精微、最初和尚未发展四个阶段。

द्रष्टा दृशिमात्रः शुद्धोऽपि प्रत्ययानुपश्यः ॥२०॥

draṣṭā dṛśimātraḥ śuddho'pi pratyayānupaśyaḥ //
draṣṭā dṛśi-mātraḥ śuddhaḥ-api pratyaya-anupaśyaḥ //

draṣṭā-见者，原人；dṛśimātraḥ-只是纯粹意识；śuddhaḥ-纯粹；api-尽管，即使，也，甚至；pratyaya-概念，心或心意的内容；anupaśyaḥ-认识，看到

见者只是纯粹意识。尽管纯粹，它似乎通过心在认识。（2.20）

这节经文不容易理解。且换个说法：见者是纯粹的意识，正是这纯粹的意识照亮了心的内容。

तदर्थ एव दृश्यस्यात्मा ॥२१॥

tadartha eva dṛśyasyātmā //
tadarthaḥ eva dṛśyasya-ātmā //

tad-那，它的；arthaḥ-目的；eva-仅仅；dṛśyasya-所见的；ātmā-见者，自我

所见仅仅是为了服务于见者的目的而存在。（2.21）

所见就是经验的对象，就是现象世界。它们的存在有一个目的，就是服务于见者，也就是原人。原人和原质之间有这么一种关系。从这个意义上说，这个世界本身并不是痛苦的。痛苦源于错误的认同，而非现象世界本身、原质本身。正是因为错误的认同，人们才颠倒了关系，饱受执着之苦，制造业及潜在印迹，陷入生死流转之中。这种错误认同就是无明。摆正了原人和原质的关系，世界不是很美好吗？正如有些神秘主义者所说的：一切都好！一切都好！一切都好！

कृतार्थं प्रति नष्टमप्यनष्टं तदन्यसाधारणत्वात् ॥२२॥

kṛtārthaṃ prati naṣṭamapyanaṣṭaṃ tadanyasādhāraṇatvāt //
kṛta-arthaṃ prati naṣṭam-api-anaṣṭaṃ tat-anya-sādhāraṇatvāt //

kṛta-完成；arthaṃ-目的，目标；prati-向，对；naṣṭam-摧毁，消失；api-尽管，即使，也，甚至；anaṣṭaṃ-没有摧毁，没有消失；tat-那（所见的）；anya-其他人；sādhāraṇatvāt-共同的，普遍的

对解脱者来说，尽管所见的局限已经消失，但对其他人而言，它仍然存在。（2.22）

所见即现象世界、名色的世界，也就是原质演化出来的世界。对于觉悟者，对于解脱者，对于独存者，这个名色的世界已经不构成任何局限。他处于觉悟之态，更严格地说，他明白了他自身是原人而非原质，原质演化的世界对于他就如天上的云一样。然而，对那些还没有觉悟的人来说，由于错误的认同依然存在，他们依然被名色的世界所束缚，随着业力在世界的流转中翻滚。

स्वस्वामिशक्त्योः स्वरूपोपलब्धिहेतुः संयोगः ॥२३॥

svasvāmiśaktyoḥ svarūpopalabdhihetuḥ saṃyogaḥ //
sva-svāmi-śaktyoḥ sva-rūpa-upalabdhi-hetuḥ saṃyogaḥ //

sva-自己的（原质）；svāmi-拥有者（原人）；śaktyoḥ-力量；rūpa-形式；upalabdhi-认知；hetuḥ-原因；saṃyogaḥ-结合，合一

原人和原质结合，是为了认识原人和原质的本性与力量。（2.23）

原人和原质是相互配合的。原人要认识自己，需要原质的帮助，通过原质认识到自己和原质是不同的，并最终明白人是原人而非原质。

同时，通过这种结合，人们也会认识到所见就是原质，原质呈现为现象的世界。恰恰是因为这种“错误”的结合，人才可能对原人和原质有所认识，明白原人的本性是纯粹意识，而原质是一种能量，通过三德幻化出这个无比复杂也无比美妙的现象世界。

तस्य हेतुरविद्या ॥ २४ ॥

tasya heturavidyā //
tasya hetuḥ-avidyā //

tasya-它的；hetuḥ-原因；avidyā-无明

这种结合的原因是无明。（2.24）

帕坦伽利进一步指出了原人和原质结合的原因。这节经文是基于更高的认识来说的。

这里是立足于我们已经认识了原人，返回去认识到一切的错识都起于我们错误地将原人和原质结合，而这种错误的结合或认同也有其原因，这个原因就是无明——正如本章第5节经文所说，把无常、不净、苦、非我认同为常、净、乐、我就是无明。

तदभावात्संयोगाभावो हानं तद्दृशेः कैवल्यम् ॥२५॥

tadabhāvātsaṃyogābhāvo hānaṃ taddṛśeḥ kaivalyam //
tat-abhāvāt-saṃyoga-abhāvaḥ hānaṃ tat-dṛśeḥ kaivalyam //

tat-那，无明；abhāvāt-没有，缺乏；saṃyoga-结合；abhāvaḥ-缺乏，消解；hānaṃ-消除；tat-那；dṛśeḥ-见者的；kaivalyam-独存，绝对独立

一旦消除无明，这种结合就不再发生。这就是见者的独存。（2.25）

帕坦伽利说，消除这一错误结合、错误认同，原人、原质各归其位，原人就获得了最终的圆满——独存。

विवेकख्यातिरविप्लवा हानोपायः ॥२६॥

vivekakhyātiraviplavā hānopāyaḥ //
viveka-khyātiḥ aviplavā hāna-upāyaḥ //

viveka-分辨的；khyātiḥ-知识；aviplavā-不间断；hāna-消除；upāyaḥ-方法

摧毁无明的方法是持续不断地分辨原人和原质。（2.26）

如何摧毁无明，把原人和原质分离开来呢？帕坦伽利说，方法就是分辨——分辨原人和原质的本性，通过分辨，摧毁无明。在某种程度上，帕坦伽利瑜伽也是一种智慧瑜伽。[①]

数论哲学说，分辨了原人和原质即获解脱。帕坦伽利接受了数论哲学的这一结论。但在如何分辨原人和原质这一问题上，数论哲学和帕坦伽利瑜伽哲学

① 其实，在传统上，数论哲学就是一种智慧瑜伽。后来，吠檀多哲学占了上风，人们开始把吠檀多哲学视为智慧瑜伽。帕坦伽利《瑜伽经》接受了数论哲学，所以帕坦伽利哲学在传统意义上是一种智慧瑜伽。

之间还是有差异的。帕坦伽利认为，只通过单纯的认识论上的分辨，无法真正达成瑜伽的目标，还要有非认识论上具体的瑜伽实践。所以，在某种意义上，我们可以把帕坦伽利瑜伽视为数论派哲学的应用和实践。

तस्य सप्तधा प्रान्तभूमिः प्रज्ञा ॥२७॥

tasya saptadhā prāntabhūmiḥ prajñā //
tasya saptadhā prānta-bhūmiḥ prajñā //

tasya-一个人的；saptadhā-七个阶段；prānta-最后，终极；bhūmiḥ-阶段；prajñā-分辨，智慧

获得这种认识要经历七个阶段。（2.27）

这节经文十分重要，它揭示了人们从凡到圣、从无明到光明、从不觉悟到觉悟、从束缚到自由的过程的阶段性。可惜的是，帕坦伽利没有告诉我们是哪七个阶段。是毗耶娑弥补了这一缺憾：

第一阶段：知道了应该消除痛苦，不再有需要知道的其他内容。消除痛苦是根本（佛陀的教导也是如此）。

第二阶段：消除了应该消除的原因，即摆脱了见者（原人）和所见（原质）的结合，不再有需要消除的其他原因。

第三阶段：通过三摩地（首先是有种三摩地，

之后是无种三摩地）亲证，征服了原人和原质的结合。

第四阶段：拥有了强大的分辨能力，绝不可能退转，而重新陷入原人和原质的结合中。

第五阶段：觉知完成了人的使命，即感知和解脱的任务。

第六阶段：三德没有了根基，返回到原初物质即原质中，和心一并消融。

第七阶段：三德返回原质，不会再次产生并发挥作用。如此，原人和原质彻底分离，成就独存。[1]

---

① 钵颠阇利著，黄宝生译：《瑜伽经》，商务印书馆2016年版，第60—61页。

योगाङ्गानुष्ठानादशुद्धिक्षये ज्ञानदीप्तिराविवेकख्यातेः ॥२८॥

yogāṅgānuṣṭhānādaśuddhikṣaye jñānadīptirāvivekakhyāteḥ //
yoga-aṅga-anuṣṭhānāt-aśuddhi-kṣaye jñāna-dīptiḥ-ā-viveka-khyāteḥ //

yoga-瑜伽；aṅga-支；anuṣṭhānāt-来自实践；aśuddhi-不净；kṣaye-摧毁；jñāna-智慧的，知识的；dīptiḥ-光；ā-从，向；viveka-分辨；khyāteḥ-知觉，清晰

一旦通过修习瑜伽八支除去了所有的不净，便可凭智慧之光分辨原人和原质。（2.28）

觉悟或瑜伽目标的达成，需要理论上理解，更需要实践上了悟。如何实践呢？帕坦伽利说通过修习瑜伽八支。瑜伽八支，可以消除所有的不净，最终以智慧之光分辨原人和原质。瑜伽八支，并不像一般人通常所理解的那样。其目的是消除不净，带来智慧和分辨，最终实现自由之目标。

至此，对于为何要修习瑜伽，为何要修习帕坦伽利所倡导的八支瑜伽（实现瑜伽目标的实践之道），我们已经有了明确的答案。在帕坦伽利《瑜伽

经》中，我们明确了生命管理的目标（瑜伽目标），并找到了达成生命意义的路径和路线图（瑜伽八支）。可以说，帕坦伽利为我们的生命管理提供了切实的行动方案。

यमनियमासनप्राणायामप्रत्याहारधारणाध्यानसमाध
योऽष्टावङ्गानि ॥२९॥

yamaniyamāsanaprāṇāyāmapratyāhāradhāraṇādhyāna samādhayo'ṣṭāvaṅgāni //
yama-niyama-āsana-prāṇāyāma-pratyāhāra-dhāraṇā-dhyāna-samādhayaḥ aṣṭau-aṅgāni //

yama-禁制；niyama-劝制；āsana-坐法，体位；prāṇāyāma-调息；pratyāhāra-制感；dhāraṇā-专注；dhyāna-冥想；samādhayaḥ-三摩地；aṣṭau-八；aṅgāni-支

瑜伽八支是：禁制、劝制、坐法、调息、制感、专注、冥想、三摩地。（2.29）

前面我们谈到了克里亚瑜伽。有人把克里亚瑜伽和瑜伽八支分离开来，认为克里亚瑜伽是瑜伽的起步。这一理解并不很确切。事实上，帕坦伽利并没有把克里亚瑜伽分离出来、独立出来，而是视之为整个瑜伽系统中一个比较高层的环节。帕坦伽利在第一章三摩地篇中说，通过修习和不执可以约束心的五种波动。在此基础上，克里亚瑜伽深化了修习的概念，称

其由苦行、自我研习和顺从自在天构成（2.1）。瑜伽八支，是对克里亚瑜伽的系统化阐述，同时也是对不执的具体落实。所以，我们更倾向于把克里亚瑜伽视为生命管理中的一个重要环节，它还可以再具体落实到瑜伽八支中去。

从生命管理的角度看，瑜伽八支是一个相当完整的个体化生命管理系统。第一支到第五支，即禁制、劝制、坐法、调息、制感，为外支；专注、冥想、三摩地这三支，为内支。外支服务于内支，外支的目的是排除阻碍瑜伽士走向瑜伽目标的各种限制。制感一支是内外支的分水岭。通过前四支即禁制、劝制、坐法、调息的修习，我们已经得到了相当程度的净化，但还没有真正迈出转折性的一步。由制感开始，瑜伽士才踏上了由外而内、从名色现象到终极本质的解脱之路。

大致说来，这八支的内容包括：

禁制：社会生活的法则；

劝制：个人生活的法则；

坐法：静坐，又扩展为各种体位；

调息：呼吸控制；

制感：感官内摄；

专注：稳定心意；

冥想：深度专注；

三摩地：冥想的极致。

也有学者研究认为，瑜伽八支和脉轮瑜伽中的八个脉轮有对应关系。传统脉轮瑜伽认为人有七个重要脉轮，但第四吠陀即《阿闼婆吠陀》（10.2.31）却明确了人有八个重要脉轮，分别是根轮（海底轮）、生殖轮、脐轮、心轮、喉轮、眉间轮、宾度轮（心意轮）和顶轮。巴克里希那（Acharya Balkrishna）认为，这八个脉轮分别对应禁制、劝制、坐法、调息、制感、专注、冥想和三摩地。[1]

① Acharya Balkrishna, *A Practical Approach to the Science of Ayurveda: a Comprehensive Guide for Healthy Living*, Twin Lakes: Lotus Press, 2015, pp. 88-90.

अहिंसासत्यास्तेयब्रह्मचर्यापरिग्रहा यमाः ॥३०॥

ahiṃsāsatyāsteyabrahmacaryāparigrahā yamāḥ //
ahiṃsā-satya-asteya-brahmacarya-aparigrahāḥ yamāḥ //

ahiṃsā-不杀生，非暴力，不害；satya-不说谎，真实；asteya-不偷盗；brahmacarya-不纵欲，贞守，梵行；aparigrahāḥ-不贪婪，不执取；yamāḥ-禁制

禁制就是不杀生、不说谎、不偷盗、不纵欲、不贪婪。（2.30）

禁制中最重要的是不杀生。其他四戒，都是从这条衍生出来的。所以，要遵守禁制，最核心的是不杀生。

然而，现实中，几乎没有人能做到绝对意义上的不杀生，就是圣人佛陀也做不到。这是为什么？因为，佛陀说过，我们喝的水中就有无数的生命，无法避免不杀生。耆那教倡导不杀生，并且执行得非常严格，就连喝的水都要过滤，防止喝下小生命。

但是，只要略懂一些科学，你就会知道，最严

格的素食者也是要吃荤杀生的。例如，你吃蔬菜。你以为是不杀生的。可那蔬菜上其实布满了小虫子。你哪里能做到绝对的不杀生呢？即便你把每条虫子小心放生，你也抢了它们的食物，很多虫子会因此饿死。你间接杀了它们。有个瑜伽大师曾说，你穿了皮鞋，因为皮鞋是用牛的皮做的，所以你参与了杀生。（当然，也有皮鞋是用死去的牛的皮做的，这个就不讨论了。）还有的人说，我们要向牛、马、羊、兔子、大象等学习吃素。可他们不知道，这些动物并不真正是“吃素的”，它们在吃草的时候也无意中吃下了大量的小虫子。

如果过于严格，你会发现你真的寸步难行。我说这么多，是要让大家更真实地理解帕坦伽利这节经文的含义。不杀生，不应该是绝对意义上的，它和我们人的心念有关。心中有杀生的念头，才是真正的杀生。你喝口大自然中的清水，无意中也会杀生。但这不是帕坦伽利在这里说的不杀生。不杀生不是教条，也不是束缚人的绝对形式，而是告诉我们时刻保持瑜伽正念。

जातिदेशकालसमयानवच्छिन्नाः सार्वभौमा महाव्रतम् ॥३१॥

jātideśakālasamayānavacchinnāḥ sārvabhaumā mahāvratam //
jāti-deśa-kāla-samaya-anavacchinnāḥ sārva-bhaumāḥ mahāvratam //

jāti-种姓，等级；deśa-地点；kāla-时间；samaya-环境；anavacchinnāḥ-不受限制；sārvabhaumāḥ-普遍的；mahāvratam-大誓言

这些大誓言是普遍的，不受种姓、地点、时间和环境的限制。（2.31）

在印度传统中，不杀生、不说谎、不偷盗、不纵欲、不贪婪乃是大誓言。这是我们首先需要知悉的。下面，我们先来看看毗耶娑是如何解释这节经文的。

“这些大誓言是普适的，不受种姓、地点、时间和环境的限制。其中，不杀生以种姓而论，如渔夫杀生限于杀鱼，不杀其他。以地点而论，如‘我在圣

地不杀生’。以时间而论，如‘我不在半月的第十四日和圣洁的日子杀生’。同样，虽然摆脱了这三者，而以环境而论，如‘除非为了天神和婆罗门，我不杀生’。这也如同除非在战斗中，刹帝利不杀生。”①从毗耶娑的解释看，这个普遍性似乎还是有例外的，就如法律规定不可杀人，但法律同时也给予人正当防卫的权利，因正当防卫杀人并没有罪。类似地，我们走路的时候、喝水的时候不经意的杀生，就应该属于毗耶娑所说的情况。

但是，有瑜伽士如萨奇答南达认为，帕坦伽利所说的大誓言必须严格按字面理解，没有例外，它们不是针对诸如渔夫之类的，而是针对潜心实践瑜伽的瑜伽士。瑜伽士必须严格执行不杀生的大誓言。②

我个人对这个大誓言或戒条的理解是非常现实的：任何瑜伽士都不可能做到绝对意义上的不杀生。尽管有瑜伽士如拉斐尔指出，帕坦伽利的禁制揭示了生命的一体性，不杀生（或称非暴力）是对生命一体

① 钵颠阇利著，黄宝生译：《瑜伽经》，商务印书馆2016年版，第64—65页。引文有修订。

② Sri Swami Satchidananda, *The Yoga Sūtras of Patañjali with Translation and Commentary*, Virginia: Integral Yoga Publications, 2013, p. 119.

性不理解的抵制。[1]但生命的一体性并不意味着生命之间绝对不能出现暴力。生命本来就是一体的，但在这个宇宙中，在三德构成的世界里，暴力必定存在。瑜伽士自然不会主动卷入同类生命之间的暴力，他们也会尽量避免与其他低等生命之间的暴力，然而，“常在河边走，哪有不湿脚”。我们在生命管理中不应过分拘谨，做教条主义的瑜伽士。

---

① Raphael, *The Regeal Way to Realization (Yogadarśana)*, New York: Aurea Vidya, 2012, p. 74.

शौचसन्तोषतपःस्वाध्यायेश्वरप्रणिधानानि नियमाः ॥३२॥

śaucasantoṣatapaḥsvādhyāyeśvarapraṇidhānāni niyamāḥ //
śauca-santoṣa-tapaḥ-svādhyāya-īśvara-praṇidhānāni niyamāḥ //

śauca-纯净，纯洁；santoṣa-满足，满意；tapaḥ-苦行；svādhyāya-自我研习，研读；īśvara-praṇidhānāni-顺从自在天；niyamāḥ-劝制

劝制就是纯净、满足、苦行、自我研习、顺从自在天。（2.32）

禁制体现了人的社会生活的法则，而劝制则体现了人的个体生活的法则。禁制更多地是规范人的外在关系，劝制则更多地是规范人的内在关系。帕坦伽利的劝制强调的是个体自我的内在修持与修养。

本章开头的经文已经谈到了苦行、自我研习、顺从自在天，这里再一次谈到。如何理解？我们在前面已经解释了克里亚瑜伽是一种高级的瑜伽教导。而

瑜伽八支的教导，也包含苦行、自我研习、顺从自在天。有的瑜伽人说，帕坦伽利这里重复了。也有瑜伽学者指出，前后经文存在矛盾。我在第一章谈道，帕坦伽利没有进一步讨论喜乐三摩地和有我三摩地，有人因此怀疑《瑜伽经》文本本身的逻辑性，认为帕坦伽利的文本存在瑕疵。我们不想否定《瑜伽经》文本的完整性、完备性，而更倾向于对文本做调整性的理解。

我们可以说这节经文重复了克里亚瑜伽部分的经文。如果克里亚瑜伽做得彻底，是可以达到瑜伽顶峰的。但一般情况下，人们无法由此达至顶峰，而只会处在瑜伽的起步阶段。从深层次上理解，苦行就是净化自我，自我研习（或研读）就是探索自我或认识自我，顺从自在天就是安住自我。这才是真正的克里亚瑜伽，而表现性的苦行、自我研习、顺从自在天，则是劝制的题中之义。针对普通人的普通实践，如顺从自在天，甚至可以作对外在对象的崇拜来理解。

वितर्कबाधने प्रतिपक्षभावनम् ॥३३॥

vitarkabādhane pratipakṣabhāvanam //
vitarka-bādhane pratipakṣa-bhāvanam //

vitarka-消极思想；bādhane-受扰乱时；pratipakṣa-相反的思想（积极思想）；bhāvanam-想到

受到消极思想扰乱时，就应该调动积极思想。（2.33）

人都是"途中的存在者"，容易在途中被不同的对象"染色"，所以人需要瑜伽。

谚语有云，近朱者赤，近墨者黑。如果某人长期处于消极思想的环境下，他就容易陷入消极思想，而不易看到世界的美好。反之，如果长期处于积极思想的环境下，他就容易看到世界充满阳光。消极思想对人的身心健康不利，对瑜伽士来说，更会阻碍瑜伽目标的达成。这是因为，瑜伽的目标是把人们引导到萨埵之德，也就是善良之德中。而消极思想则容易使人处于答磨之德，也就是愚昧之德中，从而限制人们走向自我超越，把生命更牢地束缚起来。从生命管理的角度看，我们需要积极思想。当遇到消极思想，被消极思想干扰的时候，可以通过积极思想来摆脱、抵御消极思想带来的扰动。

वितर्का हिंसादयः कृतकारितानुमोदिता लोभक्रोधमोहपूर्वका मृदु मध्याधिमात्रा दुःखाज्ञानानन्तफला इति प्रतिपक्षभावनम् ॥३४॥

vitarkā hiṃsādayaḥ kṛtakāritānumoditā lobhakrodhamohapūrvakā mṛdumadhyādhimātrā duḥkhājñānānantaphalā iti pratipakṣabhāvanam //
vitarkāḥ hiṃsā-ādayaḥ kṛta-kārita-anumoditāḥ lobha-krodha-moha-pūrvakāḥ mṛdu-madhya-adhimātrāḥ duḥkha-ajñāna-ananta-phalāḥ iti pratipakṣa-bhāvanam //

vitarkāḥ-消极思想；hiṃsā-暴力，杀生；ādayaḥ-等等；kṛta-完成；kārita-引发去完成；anumoditāḥ-证实；lobha-贪婪，贪；krodha-嗔怒，嗔；moha-混乱，痴迷；pūrvakāḥ-首先的，之前的；mṛdu-温和；madhya-中度；adhimātrāḥ-猛烈，强烈；duḥkha-痛苦；ajñāna-无明，无知；ananta-无尽的，无限的；phalāḥ-果实，结果，成果；iti-因而；pratipakṣa-相反的一面；bhāvanam-展示，想到，认识到

消极思想，如暴力、不诚实，可以直接产生，也可以间接引发。它导致（消极的）行动，伴随贪婪、嗔怒、痴迷，无论其强度是轻、是中、是重，都会导致无尽的痛苦和无

明。须认识到这一点，并培养积极思想。（2.34）

帕坦伽利在这里揭示了消极思想的消极影响。好的思想带来好的人生，不好的思想带来糟糕的人生。消极的、悲观的、虚无的、暴力的思想，不仅给他人也给自己带来消极的后果，导致无穷的烦恼，使人陷入无尽的痛苦与无明。

这一节承上一节，强调我们有必要不断培养积极的思想。它暗示了思想观念对人的生命塑造、道路选择和命运走向的影响。帕坦伽利呼吁瑜伽士要培养正向的观念或积极的思想。从生命管理的角度看，消极的思想、暴力的思想会阻碍甚至终止生命的成长，而积极的思想、和平的思想则促进甚至加速生命的成长。

瑜伽实践需要合适的外在环境和内在环境。禁制，在很大程度上保障了我们的外在环境。劝制，在很大程度上保障了我们的内在环境。外在环境有问题，是无法达成瑜伽目标的，而内在环境有问题，同样也不能达成瑜伽目标。只有在内外环境都具备的情况下，我们才能真正启动进一步的瑜伽实践，进入真正的瑜伽轨道。为了保障这条瑜伽之道的通畅，有必要培养积极的、善良的、和谐的、充满正能量的思想观念。

अहिंसाप्रतिष्ठायां तत्संनिधौ वैरत्यागः ॥३५॥

ahiṃsāpratiṣṭhāyāṃ tatsaṃnidhau vairatyāgaḥ //
ahiṃsā-pratiṣṭhāyāṃ tat-saṃnidhau vaira-tyāgaḥ //

ahiṃsā-不杀生，非暴力，不害；pratiṣṭhāyāṃ-立足，确立；tat-那；saṃnidhau-接近，在场；vaira-敌意；tyāgaḥ-终止，停止

当一个人不再杀生时，所有生物都不会对他产生敌意。（2.35）

如果一个人不杀生，他的心中自会散发出慈悲、祥和、自然的能量波动。周围的生物感受到这种能量波动，便不会心生提防、警惕、恐惧。在很多情况下，人们都可以体验到这一点。

当然，也不能说你不杀生，不起杀念，周围人或其他生物就不会对你施暴。其实这是另一个问题，它涉及瑜伽体系自身的复杂性。我们看到，耶稣充满爱和非暴力，但他死在了暴力之下。圣雄甘地和马丁·路德·金推行非暴力，他们都死在了暴力之下。

我们都听过农夫与蛇的故事：农夫善良、充满爱的能量波动，可这并没有阻止蛇咬他。

我们不能做教条主义者，而应该站在更高的维度来理解现象世界，理解内蕴丰富的瑜伽哲学体系。觉悟者超越了三德的钳制，自在，自由，但只要他还在现象世界中活动，他就会遵循三德的运行法则。

सत्यप्रतिष्ठायां क्रियाफलाश्रयत्वम् ॥३६॥

satyapratiṣṭhāyāṃ kriyāphalāśrayatvam //
satya-pratiṣṭhāyāṃ kriyā-phala-āśrayatvam //

satya-真实，不说谎；pratiṣṭhāyāṃ-立足，确立；kriyā-行动，克里亚；phala-果实，结果；āśrayatvam-有帮助，顺从，依靠

当一个人不再说谎时，他的行动就会产生预期的结果。（2.36）

一个人不说谎，就没有虚假，不用做作，可以避免种种扭曲。行动和结果是联结在一起的。有什么样的行动，就会有什么样的结果。谎言是一种摩耶，遮蔽真实。人们在谎言下生活，对说谎者是一种扭曲，对被谎言遮蔽者也是一种扭曲。谎言是一种特别强大的遮蔽，它会改变说谎者的人生，也会影响受谎言影响者的人生。

我们或许很痛恨说谎者，因为他把人带入一个虚假的世界。瑜伽修习是一种去谎言的过程。真实体

现在多重维度上，而努力让自己变得真实，首先就要避免谎言。因为，谎言会使人迷失自我。

瑜伽是一条自我探索的道路，是去蔽的方法与过程。真实的人离瑜伽目标近，说谎的人离瑜伽目标远。

然而，在三德的主宰下，说谎似乎是无法真正避免的。即便在萨埵之德的主导下，也会出现谎言，只是这种谎言是善意的——为了对方好，为了大家好，为了国家民族好，为了全人类好，为了自然万物好，等等。而只有真正的觉悟者、解脱者，才可能杜绝谎言。

अस्तेयप्रतिष्ठायां सर्वरत्नोपस्थानम् ॥३७॥

asteyapratiṣṭhāyāṃ sarvaratnopasthānam //
asteya-pratiṣṭhāyāṃ sarva-ratna-upasthānam //

asteya-不偷；pratiṣṭhāyāṃ-立足，确立；sarva-所有的；ratna-财富，珍宝；upasthānam-靠近

当一个人不再偷盗时，一切财富就离他近了。（2.37）

不偷盗，即不从他人那里非法获取所欲之物，如金钱、财物、名声、地位、权力等，这意味着没有一个被罗阇或答磨控制的我慢。不偷盗的人是富足的。不偷盗可以表现为形式的、外在的不偷盗，也可以表现为内容的、内在的不偷盗。行为上虽不去偷盗，但心里却在想着，这不是真正的不偷盗。心里想，本质上就已经在行动了，从业的角度看，就必然产生潜在印迹。瑜伽修习是一种特别的训练，会让我们戒除内在的偷盗。

帕坦伽利是一位吠陀仙人，他对财富的理解

和我们今日普遍流行的财富观很不一样。人们通常理解的财富主要是物质财富，而根据吠陀传统，财富一词有多重含义。古代印度有位女神叫拉克什米（Lakshmi），她代表如下八种财富：初始财富（人生下来就拥有的天赋的财富，如健康、出身等）、金钱财富、粮食财富、勇气财富、权力和声望财富、子女财富、捐赠财富、胜利财富。[①]一个人不偷盗，上述财富就会自动向他聚拢。也有人解释说，人不偷盗，则心中释然，不生烦忧，而这本身就是一种特别的财富——满足。

① 马赫什·帕布著，王志成、曹政译：《吠陀智慧》，四川人民出版社2018年版，第156—159页。

ब्रह्मचर्यप्रतिष्ठायां वीर्यलाभः ॥३८॥

brahmacaryapratiṣṭhāyāṃ vīryalābhaḥ //
brahmacarya-pratiṣṭhāyāṃ vīrya-lābhaḥ //

brahmacarya-自制，不纵欲，贞守；pratiṣṭhāyāṃ-立足，确立；vīrya-活力，能量；lābhaḥ-获得

当一个人不再纵欲时，他便会获得能量。（2.38）

不纵欲就是控制了欲望。人的欲望是一种能量，可以用于不同的目的。其实，人在世上一直和欲望打交道。当欲望服务于更高的目标，这欲望就成了爱。不纵欲，可以节约能量，可以更好地从事瑜伽修习，从而获得能量，充满活力。我把自己对欲望问题的一些思考归纳如下，供大家参考：

第一，欲望伴随着人的一生。

第二，人在不同的年龄段，欲望展示的特点会有差异。

第三，欲望可以被挑动。不同欲望有不同的挑

动方式。人有三德——萨埵、罗阇和答磨，对应三类不同的欲望——善良型欲望、激情型欲望和愚昧型欲望。

第四，欲望的满足要有一个限度。超过这个限度，就会给自己或他人带来烦恼或痛苦。

第五，对欲望的控制有硬性控制和软性控制之分。控制效果因人而异。

第六，真正控制或主宰欲望的人是超越三德的人，是自在天。

第七，不纵欲是一门需要探索的艺术。我们不做教条主义者，而应该现实地看待欲望。需要基于三德的属性和功能来思考欲望、对待欲望。

人们有时直接把brahmacarya译成“禁欲”，甚至明确所禁之欲为性欲。Brahmacarya由brahma和carya两部分组成：brahma指至上存在，即梵，而carya指生活。所以，brahmacarya可以理解为过一种梵一般的完美生活。如何能过这样的生活呢？就是要保守自己的基本能量，而这个基本能量的基础是性能量。也就是说，不能让自己执着于性，因为这会消耗你的基本能量。Brahmacarya译成“禁欲”不算全错，只是没有突出能量保守的重要性。然而，从正常人的发展看，欲望不展示也是不可能的。从小到大，能量一直在。能量管理得好，可以成就一个人；管理得不好，在不同阶段会产生不同的麻烦——健康的麻烦、关系的麻烦、社会的麻烦等。从生命管理的角度看，译成“不纵欲”比较合理。不纵欲，不等于禁欲。帕坦伽利通晓阿育吠陀，自然可以理解阿育吠陀对待性欲和其他欲望的态度。他强调的是对欲望的妥善管理。当一个人能很好地管理自己的欲望时，他就能获得足够的奥伽斯（ojas）能量。

अपरिग्रहस्थैर्ये जन्मकथन्तासम्बोधः ॥३९॥

aparigrahasthairye janmakathantāsambodhaḥ //
aparigraha-sthairye janma-kathantā-sambodhaḥ //

aparigraha-不贪婪；sthairye-确定，肯定；janma-出生；kathantā-缘由；sambodhaḥ-觉知，明白，觉悟

当一个人不再贪婪时，他就会完全明白如何出生以及为何会出生。（2.39）

贪婪，主要指占有财物、接受礼物。萨拉斯瓦蒂说："不贪婪是最重要的德行之一。它意味着放弃有用的和享受的对象。求道者只保留那些生活必需品。"[①]严格的不贪婪，甚至表现为只穿一件衣服，不在同一个地方（如房子）住超过一个晚上。不贪婪的人，他们的心放松，随时可以到其他地方承担责任。当然，这对绝大部分人来说是不现实的。

不贪婪基于对心的训练和控制。不贪婪是一种

① Swami Satyananda Saraswati, *Four Chapters on Freedom*, Bihar: Yoga Publications Trust, 2013, p. 197.

心的状态，而非不接触任何对象，不享用任何对象。萨拉斯瓦蒂认为：“不贪婪这一特定的修习持续超出合理限度，会导致软弱和困扰。然而，起初这一实践是必要的，以便打破旧习惯。旧习惯一旦被打破，人们就可以拥有不同的东西，这些东西对于社会工作和服务人类是必需的。”[①]

一个人一旦做到不贪婪，他就可以知晓自己的前世和来生。这如何解释呢？一种哲学性的解释是：当一个人做到了真正的不贪婪，他就会明白是贪婪留下的潜在印迹导致了最终的痛苦和生命的流转，就会明白前世的出生是因为贪婪。

① Swami Satyananda Saraswati, *Four Chapters on Freedom*, Bihar: Yoga Publications Trust, 2013, p. 197.

शौचात्स्वाङ्गजुगुप्सा परैरसंसर्गः ॥४०॥

sáucātsvāṅgajugupsā parairasaṃsargaḥ //
śaucāt-sva-aṅga-jugupsā paraiḥ-asaṃsargaḥ //

śaucāt-通过纯净；sva-一个人自己的；aṅga-身体，躯体；
jugupsā-厌恶；paraiḥ-与他人；asaṃsargaḥ-终止接触

纯净使人疏离身体，厌恶与人接触（2.40）

我们已经讨论了禁制，接下来讨论劝制。

纯净首先是身体的纯净，当然也包括思想和心灵的纯净。人追求身体纯净，使身体成为一个独特的容器。我们可以把身体视为原质的展示，身体载着它的主人——原人。为了更好地修习，可以通过苦行来净化身体。纯净让人洁身自好，厌恶与人接触——主要是不愿意有身体上的接触，也包括不愿意有心灵上的接触。

瑜伽往往把身体视为纯粹自我即原人的居所。为了让纯粹自我安住，就需要为之提供好的环境。所以，身体净化很重要。传统上一般通过饮食和生活方式的调整让身体净化。传统的阿育吠陀是很好的身体净化方法。而瑜伽中的禁制、劝制、坐法、呼吸、制感、专注、冥想等也都是净化之法。如果你的瑜伽修习是高度三摩地导向的，时间长了，就能体会到帕坦伽利所说的“纯净会使人疏离身体，厌恶与人接触”是很准确的。从个体生命管理的有效性的角度看，这不仅是必需的，而且也是自然而然的。

然而，这是针对瑜伽士的，普通人又如何能够做到呢？且不说普通人，瑜伽士也需要与人接触，如果对他人的身体心生厌恶，他就可能会遇到种种问题。事实上，作为普通人或普通的瑜伽士，我们需要重点发展的是内容上而非形式上的纯净，这种纯净无须疏离身体，只需发展出超然的态度和不执的内在素质。待瑜伽修习到了一定的阶段，瑜伽士的内在自会发生质变，从而发展出内在的净化力量。

सत्त्वशुद्धिसौमनस्यैकाग्र्येन्द्रियजयात्मदर्शनयोग्यत्वानि च ॥४१॥

sattvaśuddhisaumanasyaikāgryendriyajayātmadarśana yogyatvāni ca //
sattva-śuddhi-sau-manasya-eka-agrya-indriya-jaya-ātma-darśana-yogyatvāni ca //

sattva-萨埵，善良属性；śuddhi-纯净，净化；saumanasya-心意的快乐；ekaagrya-心注一处；indriya-感官；jaya-控制，掌控；ātma-自我；darśana-看见；yogyatvāni-适合；ca-和

身体纯净，带来思想纯净和心灵纯净，于是能心生欢喜、心注一处、控制感官，从而得以觉悟自我。（2.41）

这节经文阐明了身体纯净的功效。身体纯净带来思想纯净，身体纯净、思想纯净进一步带来心灵纯净。心灵纯净了就会心生欢喜，就会心注一处。心注一处，就可以控制感官。而感官得到了控制，就可以觉悟自我。所以，纯净是通向瑜伽最终目标的康庄

大道。

就如水中的杂质让水浑浊而不能通透一样，身体不纯净，思想就难以纯净，心灵就难以通透，于是心中就无法生起喜乐，就难以专注，就无法控制感官。帕坦伽利把纯净列为劝制的第一条，可见纯净对于个体净化、实现更高的瑜伽目标是多么重要。

सन्तोषादनुत्तमः सुखलाभः ॥४२॥

santoṣādanuttamaḥ sukhalābhaḥ //
santoṣāt-anuttamaḥ sukha-lābhaḥ //

santoṣāt-由于满足；anuttamaḥ-至上的，最高的；sukha-喜乐；lābhaḥ-获得

由于满足，人得到最大快乐。（2.42）

人满足了，就不会贪婪，喜乐自然生起。我们可以感受到感官的快乐、心理的快乐、心智的快乐等。但不管哪种快乐，都是自我快乐本性之展示。这种展示，如果被三德遮蔽了，人就感受不到终极的快乐。一般而言，如果为罗阇所遮蔽，人的快乐就是二元性的，是苦乐交织的。如果为萨埵所遮蔽，人的快乐就比较稳定，可以说是宁静之喜乐，这是一种善良属性的喜乐。而人因为满足而满足，可以说，他的满足源于自我本身，他的快乐超越了一般意义上的二元

性快乐，超越了三德的快乐，是不二的快乐，是无遮蔽的快乐，是快乐本身。[1]

---

① 对快乐的深度思考，可以参见室利·维迪安拉涅·斯瓦米著，斯瓦米·斯瓦哈南达英译，王志成汉译并释论：《瑜伽喜乐之光》，四川人民出版社2017年版。

कायेन्द्रियसिद्धिरशुद्धिक्षयात्तपसः ॥४३॥

kāyendriyasiddhiraśuddhikṣayāttapasaḥ //
kāya-indriya-siddhiḥ-aśuddhi-kṣayāt-tapasaḥ //

kāya-身体，躯体；indriya-感官；siddhiḥ-超异能力，特殊的能力；aśuddhi-不净；kṣayāt-得以清除；tapasaḥ-苦行

由于苦行，不净得以清除，身体和感官因此获得特殊的能力。（2.43）

我们已经在前面谈到了苦行及其真正意义和目的。萨拉斯瓦蒂认为，这一节所谈的苦行不同于本章第1节所说的苦行。这一节的苦行似乎更适合从字面上理解。西方当下流行的瑜伽，很大程度上就是苦行瑜伽。他们从事艰难的体位训练，这就是一种苦行。真正的苦行无关乎竞争，只关乎一个人对自己身体和感官极限的挑战。这一挑战可能就暗示了第三章所讨论的“瑜伽的力量”，也就是这里的“特殊的能力”。通过苦行净化身心，身体和感官获得特殊的能力。萨拉斯瓦蒂说，这里的苦行是让身体承受种种磨

砺，使之能够忍受热、冷、毒等。萨拉斯瓦蒂为消除身体的不净提供了五种苦行建议：

1. 让身体多暴露在日光下；
2. 让身体多经受火之热力；
3. 通过调息在身体内生热；
4. 通过专注于一点生出专注之火；
5. 通过禁食生出禁食之火。

这五种苦行可以消除身体的不净并强化身体，使之更加适合冥想。

स्वाध्यायादिष्टदेवतासम्प्रयोगः ॥४४॥

svādhyāyādiṣṭadevatāsamprayogaḥ //
svādhyāyāt-iṣṭa-devatā-samprayogaḥ //

svādhyāyāt-自我研习，经由学习，通过研读；iṣṭa-喜爱的，钟爱的；devatā-神；samprayogaḥ-合一，共享，相融

通过自我研习，可与择神相融合。（2.44）

传统上，自我研习就是阅读研究吠陀经典，同时念诵曼陀罗。在某种意义上，念诵曼陀罗更体现出自我研习的内涵。为何可以通过自我研习与择神融合呢？择神（iṣṭadevatā）是一种萨克提（śhakti），一种能量。这种能量因为人的虔诚可以呈现出人格的一面，而当理性生起时，它的人格的一面就会消失。基于这样的理解，通过自我研习、高度投入，人就可能见到他的择神，并融入其中。这里的择神，和西方宗教中的神是不同的。本质上，择神就是宇宙能量的显化，这种能量因为人的感情和专注而人格化了。

समाधिसिद्धिरीश्वरप्रणिधानात् ॥४५॥

samādhisiddhirīśvarapraṇidhānāt //
samādhi-siddhiḥ-īśvara-praṇidhānāt //

samādhi-三摩地；siddhiḥ-达到；īśvara-自在天；praṇidhānāt-通过顺从

通过全然地顺从自在天，可达至三摩地。（2.45）

全然顺从自在天似乎很难，可帕坦伽利肯定了它的可能性和结果。这个自在天不是创造天地的神，而是一个特殊的原人，他超越时间和空间，是导师的导师。通过顺从于他，人们可以达到三摩地。这可能被视为瑜伽恩典论的思想。这是值得讨论的问题。有关讨论，参见第一章第26节经文的注释。

可能有人会追问，《瑜伽经》第二章第1节所谈的克里亚瑜伽是不是就是劝制的内容呢？或者说，劝制的内容是不是在重复第二章第1节的内容呢？围绕这一问题，存在不少争议。如果是重复的，内容一样，帕坦伽利又何必专门讨论克里亚瑜伽？如果不一样，为何文字是一样的？这样不是容易陷入语言的混乱吗？瑜伽界对此有着各种各样的解释。各种解释都有各自的道理。我们认为，尽管它们在文字上一样，但含义还是有差别的：前者（克里亚瑜伽）可被视为更高层面的瑜伽修习；而后者（劝制）则突出修习的初级预备阶段，更适合字面理解。

然而，我们必须肯定的是，瑜伽八支的任何一支到瑜伽最高目标的距离都相等。一方面，瑜伽实践有次第、有高低；另一方面，修习途中的任何一点都有可能直抵瑜伽的最高目标。

स्थिरसुखमासनम् ॥४६॥

sthirasukhamāsanam //
sthira-sukham-āsanam //

sthira-稳定；sukham-舒适，满意；āsanam-坐法，体位

坐法必须安稳自如。（2.46）

《瑜伽经》中的坐法与后来哈达瑜伽所理解和确立的体位法自有不同，它还没有发展出复杂的瑜伽体式。

对帕坦伽利来说，坐法的目的是服务冥想。坐法是瑜伽八支中的第三支。它要求修习者坐稳、坐舒适，因为只有坐稳了、坐舒适了才能长时间冥想。坐法应该是安静的、稳定的、自如的，而不能像通常理解的苦行一样是不舒服的。有意思的是，一个瑜伽士，如果未曾苦行、未曾进行坐法的练习，他就不可能长时间保持安稳自如的坐姿。苦行和坐法不是对立的。瑜伽士普遍可以体验到，习练体位是一种苦行，一开始并不舒服，需要某种程度的忍耐。可一旦掌握

并熟练了，体位的习练就不再是苦行，而是乐事。本质上，任何一种体位都应该和坐法一样，适合某种形式的冥想。

प्रयत्नशैथिल्यानन्तसमापत्तिभ्याम् ॥४७॥

prayatnaśaithilyānantasamāpattibhyām //
prayatna-śaithilya-ananta-samāpattibhyām //

prayatna-努力；śaithilya-通过放松；ananta-无限者；samāpattibhyām-对……冥想

放松身体，冥想无限者，坐法便安稳自如。（2.47）

坐法如何安稳自如？帕坦伽利提供了两个秘法：

1. 外在可以观察的，就是放松身体，尽最大可能放松身体。

2. 冥想一个特别的对象，即无限者（ananta）。有人认为，ananta这里指的是蛇神，但严肃的学者并不认同。①

安坐时要身体放松、心意专注。推而广之，

---

① Georg Feuerstein, *The Yoga-sūtras of Patañjali*, *A New Translation and Commentary*, Rochester: Inner Traditions International, 1989, p. 91.

诸多体位法都需要有效的身体放松、心意专注和冥想。我们可以把这种冥想视为瑜伽行动中的冥想或者动态的冥想，它将瑜伽体位和体育运动完全区分开来，让瑜伽体位真正成为瑜伽诸道中的一道。

ततो द्वन्द्वानभिघातः ॥४८॥

tato dvandvānabhighātaḥ //
tataḥ dvandvaḥ-anabhighātaḥ //

tataḥ-于是；dvandvaḥ-二元性，对反；anabhighātaḥ-不受困扰，不受影响

这样，人就不再受感官经验二元性的困扰。（2.48）

这一节经文讨论的是现象世界的二元性，例如物质与精神、热与冷、粗与细、好与坏、快乐与痛苦等。坐法安稳自如时，人就可以克服感官经验二元性的困扰。这是如何做到的呢？

我们认为，一般情况下不能真正摆脱感官二元性对心意的干扰，但一定限度内可以做到。因为，坐法安稳自如，身体对外在对象扰动的抵抗力、耐受力就会提高。

तस्मिन्सति श्वासप्रश्वासयोर्गतिविच्छेदः प्राणायामः ॥४९॥

tasminsati śvāsapraśvāsayorgativicchedaḥ prāṇāyāmaḥ //
tasmin-sati śvāsa-praśvāsayoḥ-gati-vicchedaḥ prāṇāyāmaḥ //

tasmin-那样；sati-获得；śvāsa-吸气；praśvāsayoḥ-和呼气；gati-运动；vicchedaḥ-控制；prāṇāyāmaḥ-调息，呼吸法

掌握坐法后，进行呼气和吸气的停顿练习，这就是调息。（2.49）

在帕坦伽利这里，坐法谈得不多。但他谈到的几点都非常关键，尤其是在坐法中冥想无限者。这一思想，如果能够在扩展了的瑜伽体位中得到充分运用，则对体位的进步极具价值。希望大家不断体会。

坐法之后，即是调息。调息是瑜伽八支中的第四支，也是非常重要的一支。调息须要非常科学地进行，不然会造成伤害。帕坦伽利教授的调息法，是以

三摩地为导向的。我在《阿育吠陀瑜伽》[1]中讲过，调息有两大类型，一类是三摩地导向的，另一类是健康导向的。古代印度的调息法多是三摩地导向的，而中国古代导引术中使用的调息法则多是健康导向的。

① 王志成编著：《阿育吠陀瑜伽》，四川人民出版社2018年版，第358—359页。

बाह्याभ्यन्तरस्तम्भवृत्तिर्देशकालसंख्याभिः परिदृष्टो दीर्घसूक्ष्मः ॥५०॥

bāhyābhyantarastambhavṛttirdeśakālasaṃkhyābhiḥ paridṛṣṭo dīrghasūkṣmaḥ //
bāhya-abhyantara-stambha-vṛttiḥ-deśa-kāla-saṃkhyābhiḥ paridṛṣṭaḥ dīrgha-sūkṣmaḥ //

bāhya-外在的；abhyantara-内在的；stambha-固定的，抑制；vṛttiḥ-波动；deśa-空间；kāla-时间；saṃkhyābhiḥ-数量；paridṛṣṭaḥ-稳定的，受控的；dīrgha-长；sūkṣmaḥ-短

呼吸可以停顿在外，也可以停顿在内，还可以完全停止不动。停顿时间可以根据地点、时间和呼吸频次加以调节，可长可短。（2.50）

基于呼吸停顿的不同，帕坦伽利为我们提供了四种基本的调息法：

1. 停顿在外；
2. 停顿在内；
3. 完全停止不动；

4. 通过专注于外部或内部对象引发呼吸停顿。（2.51）

调息中，停顿即住气是关键，也是问题所在。停顿会直接影响调息中普拉那能量的运行。停顿须要严肃地、科学地对待。帕坦伽利说，可以根据地点、时间和呼吸频次加以调节。就地点而言，需要明确我们在哪里，是热带还是在其他地区；也需要关注所在地的饮食特点和习惯。只有掌握了这些，才能更好地调息。时间这一因素，就实践而言，既包含调息中吸气、呼气和住气的时间，也包含一年中不同季节的修习时间。一般而言，冬季和夏季的调息是有区别的。就呼吸频次等问题而言，需要根据个人的体质，在合格的瑜伽教练或瑜伽导师的指导下科学地练习。

更为详细的调息指导，见《哈达瑜伽之光》第二章、《阿育吠陀瑜伽》第十三章，以及《调息法70种》[①]。其中，《调息法70种》是截至目前关于调息法最全面系统的研究专著。

---

① 王志成编著：《调息法70种》，四川人民出版社2022年版。

बाह्याभ्यन्तरविषयाक्षेपी चतुर्थः ॥५१॥

bāhyābhyantaraviṣayākṣepī caturthaḥ //
bāhya-abhyantara-viṣaya-ākṣepī caturthaḥ //

bāhya-外部的；abhyantara-内部的；viṣaya-对象；ākṣepī-超越，脱离；caturthaḥ-第四种

第四种调息是通过专注于外部或内部对象引发呼吸停顿。（2.51）

帕坦伽利的第四种调息，不是人为控制的，而是在深度专注中自然发生的。大部分人难有机会体验到这样的调息之境。这有点类似于“惊掉了下巴”时的住气。关于这类呼吸停顿，读者可以参考《哈达瑜伽之光》第二章第72—74节。

ततः क्षीयते प्रकाशावरणम् ॥५२॥

tataḥ kṣīyate prakāśāvaraṇam //
tataḥ kṣīyate prakāśa-āvaraṇam //

tataḥ-这样，于是；kṣīyate-消除，摧毁；prakāśa-光；āvaraṇam-面纱，遮蔽物

这样，内在光辉的遮蔽就除去了。（2.52）

通过有效的调息，内在自我的遮蔽被清理了。毗耶娑说：“瑜伽士修习调息，遮蔽分辨力的业得以消除。……通过修习调息，这种业变弱，每时每刻在消失。同样，有这样的说法：‘没有比调息更高的苦行，由此污垢消除，知识光芒闪耀。’”①

① 钵颠阇利著，黄宝生译：《瑜伽经》，商务印书馆2016年版，第74页。

धारणासु च योग्यता मनसः ॥५३॥

dhāraṇāsu ca yogyatā manasaḥ //
dhāraṇāsu ca yogyatā manasaḥ //

dhāraṇāsu-专注；ca-和；yogyatā-适合；manasaḥ-心，心意

于是，心变得适于专注。（2.53）

调息消除了自我的遮蔽，身心得到了极大的净化，干扰被排除了，自然能更好地专注。

स्वविषयासम्प्रयोगे चित्तस्यस्वरूपानुकार इवेन्द्रियाणां प्रत्याहारः ॥५४॥

svaviṣayāsamprayoge cittasyasvarūpānukāra
ivendriyāṇāṃ pratyāhāraḥ //
sva-viṣaya-asamprayoge cittasya-sva-rūpa-anukāraḥ
iva-indriyāṇāṃ pratyāhāraḥ //

sva-它们的；viṣaya-对象；asamprayoge-脱离，撤离；cittasya-心，心的；sva-自己的；rūpa-形式；anukāraḥ-模仿；iva-似乎；indriyāṇāṃ-感官的；pratyāhāraḥ-制感，内摄

制感就是让心脱离感知对象，感官也随之脱离感知对象——仿佛感官是在效仿人心。（2.54）

这一节和下一节讨论制感。

制感的核心是心离开感官对象。如此一来，感官就没有了主体性，失去了活力，因为感官是通过心来发挥它们的作用的。这一现象，帕坦伽利说，是感官效仿了人心。毗耶娑用了一个非常生动的比喻来说明这一点，“正如蜜蜂随着蜂王飞动而飞动，随着蜂

王停留而停留，感官也随着心的约束而约束。这就是制感”。[1]修习制感，核心是控制心。一旦心脱离了感官对象，感官必随之脱离。

在瑜伽中，制感是一门专门的技术，一般瑜伽馆很少提供这方面的训练。但事实上，瑜伽馆里瑜伽练习结束前的大休息术本身就是一种很好的制感练习。大休息术如果能吸收阿育吠陀瑜伽的理念，效果会更好。关于其他种种形式的制感方式，可以参看《阿育吠陀瑜伽》第十四章。

① 钵颠阇利著，黄宝生译：《瑜伽经》，商务印书馆2016年版，第75页。

ततः परमा वश्यतेन्द्रियाणाम् ॥५५॥

tataḥ paramā vaśyatendriyāṇām //
tataḥ paramā vaśyatā-indriyāṇām //

tataḥ-这样，于是；paramā-最高的；vaśyatā-掌控；indriyāṇām-感官的

于是，实现了对感官的完全控制。（2.55）

《瑜伽经》是约束心的艺术。一旦心被约束了，感官自然就被约束了。感官没有独立性。控制了心，就控制了我们的整个格局。爱上一个人，依赖爱者的心——如果爱者的心已归属此人，那爱就真实地发生了。一旦爱真实地发生，爱者的感官就自动服务于爱者的心。感官只是爱者之心的工具、手段。通过制感的习练完全控制感官，为瑜伽士由外在世界转向内在世界提供了基础。

下面，我们就第二章内容做一些总结和延伸。

1. 克里亚瑜伽：

（1）苦行，即净化身体，本质上是净化自我；

（2）自我研习，即阅读吠陀经典、持续念诵曼陀罗，本质上是探究自我；

（3）顺从自在天，本质上是安住自我。

2. 表层的克里亚瑜伽用于消除障碍，为达至三摩地铺平道路。本质上，克里亚瑜伽是一个完整的瑜伽系统。

3. 痛苦或烦恼主要表现为：

（1）无明；

（2）有我；

（3）执着；

（4）厌弃；

（5）贪恋生命，恐惧死亡。

4. 痛苦或烦恼的根源在无明。

5. 冥想、分辨和三摩地可以消除无明。

6. 基于无明的任何经验本质上都是痛苦的。

7. 无明本质上是混淆了见者（原人）和所见（原质）。

8. 为了摆脱身份的错误认同，需要找到合适的方式来消除这种错误认同，帕坦伽利提供的方法就是瑜伽八支。

9. 帕坦伽利在这一章重点阐发了瑜伽八支中的前五支，也就是外支。

10. 有一点特别重要，那就是要积极应对消极思想的侵扰。

已经说过，第一章是相对完整的、独立的，但有的内容没有具体展开，例如如何采取更有效的方式来消除通向三摩地途中的障碍。这一章则尝试解决这些问题。

我们也可以看到，帕坦伽利所阐明的生命管理的具体方法是非常明确的，并且是有系统的：首先找到痛苦的根源，然后找到消除痛苦的内在依据，再提出消除痛苦、达到瑜伽目标的具体方法。这一章的主要内容围绕着瑜伽八支中的外支。大部分人的瑜伽实践实际上就停留在外支。帕坦伽利所谈的前五支的方法很清晰，但要真正做到，却非常不容易。比如，就连最基础的禁制和劝制，当下很多瑜伽人怕都难以做到。有人就追问了，如果不能真正实践禁制和劝制，能去学习坐法、调息和制感吗？能够进入第三章中的后三支的学习吗？能够达到瑜伽的目标吗？

我们的基本结论是：这取决于我们如何理解瑜伽八支的次第、如何理解瑜伽。从生命管理的角度看，我们必须开放瑜伽，不应该在严格的字面意义上理解瑜伽的次第。从关心生命成长的角度来说，可以同步、并列学习多支瑜伽，并且可以在不断试错中成长。因此，即便不能真正实践禁制和劝制，也完全可以进入坐法、调息和制感的学习，乃至尝试进入后三支的学习。我们认为通过中庸的探索和实践，完全有可能达到不同层次的三摩地，实现生命的转化，于现世达成生命的圆满。

我们对圣洁的《瑜伽经》第二章修习篇的翻译和注释就此结束。

॥ विभूतिपादः ॥

vibhūti pādaḥ

第三章　力量篇

（凡56节经文）

第三章力量篇总计经文56节，涉及以下主题：专注、冥想、三摩地、专念、意识转变、专念的力量。

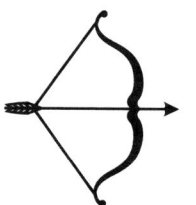

देशबन्धश्चित्तस्य धारणा ॥१॥

deśabandhaścittasya dhāraṇā //
deśa-bandhaḥ-cittasya dhāraṇā //

deśa-位置；bandhaḥ-系于，专注于；cittasya-心的；dhāraṇā-专注

专注就是将心固定在某一点上。（3.1）

专注意味着将身体的能量集中、心意的能量集中、精神的能量集中。成就诸事都需要专注。学习如此，工作如此，处理人和人之间的关系也是如此。

在瑜伽中，专注是一种技术，可以使心固定在一点上。这个点可以多种多样，例如毗耶娑说的肚脐、心莲花、头顶光环、鼻尖、舌尖，或者身体外的某一个对象。专注要获得成功，还需要同时修习前面的瑜伽五支，也就是第二章中的禁制、劝制、坐法、调息和制感这五支。这五支本质上是使心萨埵化（善良化）。人只有成为萨埵型的，才能真正登上专注的顶峰。

तत्र प्रत्ययैकतानता ध्यानम् ॥२॥

tatra pratyayaikatānatā dhyānam //
tatra pratyaya-eka-tānatā dhyānam //

tatra-在其中，那里；pratyaya-（引起思想的）认知，认识的内容，呈现的观念；eka-一，唯一；tānatā-流动；dhyānam-冥想

冥想就是持续地认知。（3.2）

冥想通常被理解为专注的深入。帕坦伽利这里说，冥想就是持续地认知。也就是说，冥想是持续地专注于某一点或者某一物，就如水持续地流动，本质上就是心的能量持续专注地流动从而获得认知。

根据功能，冥想可以分为不同的类型。在《阿育吠陀瑜伽》中，我们区分了帕坦伽利传统的冥想（基于数论哲学的冥想）、基于吠檀多传统的冥想、基于虔信传统的冥想和基于阿育吠陀瑜伽传统的冥想。它们之间存在差异。例如，在帕坦伽利瑜伽中，冥想就是集中于一个具体的对象，它可以是身体上的

或身体内的某一点或者某个器官，也可以是身体外的某个对象，甚至是心意想象的某个对象。而冥想的结果是三摩地，是原质和原人的分离。而在阿育吠陀瑜伽中，冥想首先关注的是身体的健康。很多时候，冥想是让心意平静下来，以避免心意波动引发身心问题。

तदेवार्थमात्रनिर्भासं स्वरूपशून्यमिव समाधिः ॥३॥

tadevārthamātranirbhāsaṃ svarūpaśūnyamiva samādhiḥ //
tat-eva-artha-mātra-nirbhāsaṃ svarūpa-śūnyam-iva samādhiḥ //

tadeva-那（指心）本身；artha-（冥想的）对象；mātra-只是，独自；nirbhāsaṃ-照亮，显现； svarūpa-自身形式的；śūnyam-没有的，缺乏的，空的；iva-似乎；samādhiḥ-三摩地

在冥想中，似乎没有个体意识，只有对象显现，这就是三摩地。（3.3）

在冥想中，若主体融入了客体，与客体合而为一，主体的个体意识消失了，剩下的只有（冥想的）某个对象。这样的境地就是三摩地。

在第一章中，我们谈到了三摩地不同的境地。在初级三摩地中，主体融入了客体，但个体意识还存在。有寻和无寻三摩地、有伺和无伺三摩地、喜乐三摩地、有我三摩地等三摩地，应该都保留了一定程度

的个体意识，也就是说，有种三摩地应该保留着一定程度的个体意识。只有在无种三摩地中，个体意识才会完全消融。“似乎没有个体意识”包含两层含义：一是，个体意识暂时被忘记或暂时消融；二是，个体意识被人为地悬置了。

然而，三摩地是一种意识的境地，进入三摩地之后一般还是要出来的。辨喜的师父罗摩克里希那常常进入三摩地，但过了一段时间，就会从三摩地中出来。为何还会出来呢？这是因为，尽管通过修习已经进入了合一、消融的状态，但因为瑜伽士的根无明（root-avidyā），或者说潜在印迹，或者说习性还在那里，并没有消失，人就依然会被它们拉出来。三摩地和解脱也不完全一样。能够进入三摩地的人，未必就是解脱的，未必就能解脱。但只要不断努力，消除无明，当根无明、潜在业力或习性彻底消除，他将成为完全萨埵型的人，并因此获得自由，进入独存之境。

त्रयमेकत्रसंयमः ॥४॥

trayamekatrasaṃyamaḥ //
trayam-ekatra-saṃyamaḥ //

trayam-三个一组，三；ekatra-集中于唯一对象；saṃyamaḥ-专念，总制，总御

专注、冥想和三摩地这三支合称专念。（3.4）

可以看出，对于帕坦伽利，专注、冥想和三摩地是三种独立的瑜伽方法，并且它们在心意专注的程度上是逐步递进的。但在这里，帕坦伽利把专注、冥想和三摩地这后三支合在一起，用“专念”这个专名来指称。需要注意的是，专念，不是独立于专注、冥想和三摩地的，而是对三者相继、相合的一种概括。

顺便说一句，对于三摩地，有两种理解。一种是意识到达的境地或者状态，一种是作为修习方法的瑜伽一支。我们要根据语境进行区分。

近年来的研究发现，专注和冥想可能改变人的

体质，改变人的大脑皮层结构。专念可以改善睡眠、记忆、观察力。长期修习专念，心意就会得到控制，感官系统就会得到改善和转变，甚至，据帕坦伽利说，专念可以使瑜伽修习者“看见”常人看不见的东西。专念还可能改变五气的运行，产生一些特异的能力。在接下来的经文中，帕坦伽利为我们细说瑜伽可以带来的种种力量。

तज्जयात्प्रज्ञालोकः ॥५॥

tajjayātprajñālokaḥ //
tat-jayāt-prajñā-ālokaḥ //

tat-从这；jayāt-掌握；prajñā-智慧，知识；ālokaḥ-光

掌握专念之法，可开启智慧之光。（3.5）

专念是能量的连续合流，是和专念对象合而为一的持续流动。在专念中，一切都呈现出如其所是的状态。此时，智慧之光开启。

"用眼睛看东西，是感官意识。闭上眼睛，仍能看到那个东西，是心理意识。当对象如唵以影子的形式出现，这是更深层的意识。当它突然由内而外放光，显现得极为清晰、极为逼真时，这就是所谓的高阶意识。"[①]此种高阶意识即是帕坦伽利所说的智慧之光。

通过专念修习，可以知道事物背后的真理。真

① Swami Satyananda Saraswati, *Four Chapters on Freedom*, Bihar: Yoga Publications Trust, 2013, p. 232.

理是被遮蔽的，但我们可以通过专念开启智慧之光，去发现真理。[1]严格说来，真理也不是真的被遮蔽，而是因为原质的运行，智慧之光被遮蔽了。当意识处于低阶时，它是不能发现处于高阶的智慧之光的。修习专念，其实就是去蔽。

① Sri Swami Satchidananda, *The Yoga Sūtras of Patañjali with Translation and Commentary*, Virginia: Integral Yoga Publications, 2013, p. 167.

तस्य भूमिषु विनियोगः ॥६॥

tasya bhūmiṣu viniyogaḥ //
tasya bhūmiṣu viniyogaḥ //

tasya-它的；bhūmiṣu-诸阶段，逐渐的，循序渐进；viniyogaḥ-实践

修习专念必须循序渐进。（3.6）

专念绝不会一蹴而就，它需要一个循序渐进的过程。修习专念，需要遵循专注、冥想、三摩地的次第。不曾进行必要的外支修习，很难在内支修习上取得成就，而往往只能停留在低级阶段，且容易成为“伪善”的修习者。当然，毗耶娑也说过，有人通过虔信自在天达到了专念的高级阶段。这大概是因为他同时也运用了其他手段。尽管我们前面说过，从阿育吠陀瑜伽的角度看，人可以同时修习瑜伽各支——它们之间并没有绝对的先后顺序，但通常情况下，对绝大部分瑜伽修习者来说，循序渐进的立场和方法还是要持守的。唯有如此，我们的瑜伽修习才会是安全和有效的。

त्रयमन्तरङ्गं पूर्वेभ्यः ॥७॥

trayamantaraṅgaṃ pūrvebhyaḥ //
trayam-antar-aṅgaṃ pūrvebhyaḥ //

trayam-三支，三；antar-内在的；aṅgaṃ-支；pūrvebhyaḥ-先前的

与前五支相比，后三支更加内在。（3.7）

在帕坦伽利提出的瑜伽八支中，禁制和劝制使人在道德等层面做好进入瑜伽的准备，而坐法和调息则作用于身体层面，制感作用于心意层面。前面我们已经强调过，制感是瑜伽成就的分水岭，制感之前主要涉及外部世界，而制感则开始从外部转向内部。因而，总体来说，前面五支都是外支，而专注、冥想和三摩地才是更为重要的内支。

तदपि बहिरङ्गं निर्बीजस्य ॥८॥

tadapi bahiraṅgaṃ nirbījasya //
tat-api bahiraṅgaṃ nirbījasya //

tat-那，它们；api-也，然而，即使；bahiraṅgaṃ-外支；nirbījasya-相对于无种的

但是，相对于无种三摩地，后三支依然是外支。（3.8）

帕坦伽利把三摩地分为两大类：有种三摩地和无种三摩地。在无种三摩地，人的潜在印迹被消除了。而有种三摩地中还残留着潜在印迹，还是不彻底、不究竟的，所以帕坦伽利称其“依然是外支”。

व्युत्थाननिरोधसंस्कारयोरभिभवप्रादुर्भावौ निरोधक्षणचित्तान्वयोनिरोधपरिणामः ॥९॥

vyutthānanirodhasaṃskārayorabhibhavaprādurbhāvau nirodhakṣaṇacittānvayonirodhapariṇāmaḥ //
vyutthāna-nirodha-saṃskārayoḥ-abhibhava-prādurbhāvau nirodha-kṣaṇa-citta-anvayaḥ-nirodha-pariṇāmaḥ //

vyutthāna-外在的；nirodha-控制，约束，抑制；saṃskārayoḥ-潜在印迹；abhibhava-抑制，减轻；prādurbhāvau-显现；nirodha-约束，控制，抑制；kṣaṇa-此刻，片刻，刹那；citta-心，心质，意识；anvayaḥ-联结，关系；pariṇāmaḥ-转变，改变，波动

当潜在印迹生起时，要有意识地约束它，以便让心回到受控状态。（3.9）

潜在印迹，在条件适合时就会循其本性自然生起。瑜伽修习者必须对潜在印迹的活动予以约束。潜在印迹是积累着的能量，不同的潜在印迹是不同德性的能量。当潜在印迹生起时，这股能量会给人的思

想、情绪、身体、行动带来影响。对于我们每个人，潜在印迹都是不可避免的。某种程度上可以说，修习瑜伽就是学习控制潜在印迹。一般人对潜在印迹无能为力，任其影响，其影响常表现为习性，直接左右人的言行举止甚至命运。有的习性可以助力我们更好地成长，有的则会阻碍我们成长。瑜伽修习者要尽可能克服潜在印迹的不利影响，不要成为习性的奴隶。毗耶娑提醒我们："活跃的潜在印迹是心的性质。它们不具有认知性，不能依靠抑止认知而抑止。"[①]这里，毗耶娑道出了一个秘密：约束潜在印迹，不能从认知下手。这也解释了，为什么我们知道某个不良习性，也知道如何消除它，但事实上却很难真正消除它。仅靠知道并不能解决问题。瑜伽是一门实践功夫。这也解释了为何帕坦伽利接受数论哲学，却又强调光是懂数论哲学并不能解决问题。

---

① 钵颠阇利著，黄宝生译：《瑜伽经》，商务印书馆2016年版，第80页。

तस्य प्रशान्तवाहिता संस्कारात् ॥१०॥

tasya praśāntavāhitā saṃskārāt //
tasya praśānta-vāhitā saṃskārāt //

tasya-它的；praśānta-平静的；vāhitā-流动；saṃskārāt-通过潜在印迹，通过习惯

潜在印迹得到了约束，心也就处在了平静之流当中。（3.10）

当潜在印迹得到了约束，心不为任何外在事物扰动，此时，心是平静的。

有人会问，外在世界的变化会扰乱心吗？表面上看，心之所以波动，是因为内外因素的扰动。但深入分析会发现，心是否平静，其实取决于心本身。如果心中的潜在印迹得到了约束，心就不会大起大落，甚至不会发生波动。约束的核心是对潜在印迹的约束。觉悟的瑜伽士虽身处纷纷扰扰的现象世界，但他的心却非常平静，因其潜在印迹已经得到约束，动业已经消除。要达到这样的境界，不仅要掌握克服潜在印迹的知识，更要反复进行瑜伽实践。

सर्वार्थतैकाग्रतयोः क्षयोदयौ चित्तस्य
समाधिपरिणामः ॥११॥

sarvārthataikāgratayoḥ kṣayodayau cittasya
samādhipariṇāmaḥ //
sarva-arthatā-ekāgratayoḥ kṣaya-udayau cittasya
samādhi-pariṇāmaḥ //

sarvārthā-多变的状态；ekāgratayoḥ-心注一处；kṣaya-消失；udayau-出现；cittasya-心；samādhi-三摩地；pariṇāmaḥ-转变，迈进

消除了所有的精神涣散并且能够心注一处，瑜伽士就在向三摩地迈进了。（3.11）

三摩地是基于萨埵之德的，瑜伽修习者必须消除精神涣散。消除了精神涣散，为了实现瑜伽目标，下一步就要通过持续的瑜伽修习，尤其是冥想修习，发展出另一种心的特性——心注一处。心注一处以精神涣散的消除为前提，是一种较高的瑜伽成就，对三摩地的实现至关重要。

ततः पुनः शान्तोदितौ तुल्यप्रत्ययौ
चित्तस्यैकाग्रतापरिणामः ॥ १२ ॥

tataḥ punaḥ śāntoditau tulyapratyayau
cittasyaikāgratāpariṇāmaḥ //
tataḥ punaḥ śānta-uditau tulya-pratyayau cittasya-ekāgratā-pariṇāmaḥ //

tataḥ-于是，那么；punaḥ-进而，再次；śānta-潜在的（过去的）；uditau-生起的（现在的）；tulya-等同于；pratyayau-心的内容，相关的观念；cittasya-心的，波动的；ekāgratā-心注一处；pariṇāmaḥ-转变

进而，当过去的潜在印迹和现在生起的潜在印迹变得一样时，就实现了心注一处。（3.12）

这里，帕坦伽利重复了他对心注一处的理解。心注一处意味着已经被约束的潜在印迹和现在生起的潜在印迹一样，也就是说，现在生起的潜在印迹和过去形成的潜在印迹一并得到了约束，就是心注一处。

एतेन भूतेन्द्रियेषु धर्मलक्षणावस्थापरिणामा व्याख्याताः ॥१३॥

etena bhūtendriyeṣu dharmalakṣaṇāvasthāpariṇāmā vyākhyātāḥ //
etena bhūta-indriyeṣu dharma-lakṣaṇa-avasthā-pariṇāmāḥ vyākhyātāḥ //

etena-由此；bhūta-诸元素；indriyeṣu-在众感官中；dharma-性质，职责，正法；lakṣaṇa-特征，标志；avasthā-状态，条件；pariṇāmāḥ-变化；vyākhyātāḥ-得到解释

至此，五大元素和五个感官的性质、特征和状态之转变已经得到了解释。（3.13）

性质可以理解为法（dharma），是本然的；特征（lakṣaṇa）是性质的呈现；状态（avasthā）是呈现性质之特征的最后样子。举例来说：泥土是性质，是法；对泥土的加工反映出了泥土的特征；泥土最后成了陶罐，这是泥土的状态。对于性质、特征和状态的转变，艾扬格有一个极好的解释：“性质的转变是对

原质和原人的认识；特征的转变是利用原质和原人的方式；状态的转变是稳定地保持原质和原人的既定状态……由此，五大元素、行动器官、感觉器官和心意得到转变，因为原人得到了认识和理解。所有这些转变稳定下来，身体、心意和私我的无常状态结束，修习者从此栖于永恒不变的原人之中。随着观者认识到唯有自己是追求者，所追求的是自我的原本形式，即真我之境，追求即告结束，追求者-追求对象的二元结构终结。”[①]

① 艾扬格著，王东旭、朱彩红译：《帕坦伽利瑜伽经之光》，海南出版社2016年版，第251—252页。引文有修订。

शान्तोदिताव्यपदेश्यधर्मानुपाती धर्मी ॥१४॥

śāntoditāvyapadeśyadharmānupātī dharmī //
śānta-udita-avyapadeśya-dharma-anupātī dharmī //

śānta-潜在的（过去的），平静的；udita-生起的（现在的），展示的，显示的；avyapadeśya-未显的（未来的），不可区分的；dharma-本性；anupātī-紧跟着；dharmī-基质，原质

原质的本性分为潜在的、生起的和未显现的。（3.14）

五大元素和五个感官的性质、特征和状态都在不断变化。但它们背后有着共同的、不变的基质，这个基质就是原质。原质超越一切具体的性质、特征和状态。一个人从小到大，直到离开世界，都依赖这个基质。

从经文看，这个基质就是原质，它的性质呈现为三类：潜在的，也就是过去的；生起的，也就是现在的；未显现的，也就是未来的。换言之，无论过去、现在还是未来，这个基质都是原质。

क्रमान्यत्वं परिणामान्यत्वे हेतुः ॥१५॥

kramānyatvaṃ pariṇāmānyatve hetuḥ //
krama-anyatvaṃ pariṇāma-anyatve hetuḥ //

krama-连续，持续；anyatvaṃ-不同（阶段）；pariṇāma-变化，转变；anyatve-差异，不同地方；hetuḥ-原因

各种进化都是由这些持续不断的变化引起的。（3.15）

这里，帕坦伽利揭示了进化论的奥秘。各种形式的存在，本质上都是原质的展示和变化。不断变化的三德造就了各种各样的生物。原人本身不会变化，他是永恒的，但会因为无明陷入和原质的混合之中。原人和原质混合，才有了各种具体的生物。这种混合是有其自身法则的。印度传统认为，不同生物的进化与退化都是基于遮蔽（潜在印迹、习性）的。遮蔽越厚重，业力越大，存在的等级就越低。反之则越高。这里，可以明确的是，既然有进化，就会有退化。所以，在谈论生物的进化时，我们也要意识到生物的退

化。在数论瑜伽哲学看来，不管是进化还是退化，其背后的基础是不变的。就其存在的依托而言，这个基础就是原质。它是永恒的，但形式会不断变化。进化与退化，反映出原人被原质遮蔽的不同状态。其背后的纯粹意识是原人，他是永恒的、不变的。生物进化或退化到任何状态，其背后的纯意识即原人都是一样的，没有任何变化。就人这种存在而言，瑜伽实践就是要消除遮蔽，实现原人和原质的分离。真正的瑜伽实践是一场伟大的自我革命。

परिणामत्रयसंयमादतीतानागतज्ञानम् ॥ १६ ॥

pariṇāmatrayasaṃyamādatītānāgatajñānam //
pariṇāma-traya-saṃyamāt-atīta-anāgata-jñānam //

pariṇāma-变化，转变；traya-三，三种；saṃyamāt-通过专念；atīta-过去；anāgata-未来；jñānam-知识

专念于这三种变化，可获得过去和未来的知识。（3.16）

帕坦伽利在这里说的三种变化是性质、特征和状态之变化。

从这一节开始，帕坦伽利为我们讲解修习瑜伽带来的超自然力量或能力。不过，需要注意的是，这些超自然的力量或能力往往被帕坦伽利视为瑜伽的障碍。这是就更高瑜伽目标而言的。而绝大部分人对于瑜伽的力量是关切和欢迎的，拥有这些力量会增加他们对瑜伽实践的信心。费厄斯坦说，危险的不是超自然力量或能力本身，而是瑜伽士对待它们的态

度。[1]态度有问题，这些超自然力量或能力十之八九会成为修行的障碍，使修行者在瑜伽的道路上跌倒或迷失。

---

① Georg Feuerstein, *The Yoga-sūtras of Patañjali: A New Translation and Commentary*, Rochester: Inner Traditions International, 1989, p. 104.

शब्दार्थप्रत्ययानामितरेतराध्यासात्
संकरस्तत्प्रविभागसंयमात् सर्वभूतरुतज्ञानम्
॥१७॥

śabdārthapratyayānāmitaretarādhyāsāt
saṃkarastatpravibhāgasaṃyamāt sarvabhūtarutajñānam //
śabda-artha-pratyayānām-itaretara-adhyāsāt saṃkaraḥ-
tat-pravibhāga-saṃyamāt sarva-bhūta-ruta-jñānam //

śabda-声音，词；artha-意义，含义；pratyayānām-观念，思想，念头；itaretara-它们之间；adhyāsāt-叠置；saṃkaraḥ-混合，混乱；tat-它们的；pravibhāga-差别，差异；saṃyamāt-通过专念；sarva-所有的；bhūta-生物；ruta-声音；jñānam-知识，智慧

人们通常将一个词的声音、对其含义的感知和对其产生的反应这三者混为一谈。专念于此，即可读懂一切生物发出的声音。（3.17）

一个词的声音、对其含义的感知和对其产生的反应，这三者往往瞬间就叠加、混合在一起，使普通人难以区分。然而，瑜伽士却可以通过专念，将此三

者分离，从而消除这种混乱。萨拉斯瓦蒂说："世上的任何一个对象都由三部分组成，即声音或词、形态、观念。你须分别专念于声波、形态和观念。"①

① Swami Satyananda Saraswati, *Four Chapters on Freedom*, Bihar: Yoga Publications Trust, 2013, p. 249.

संस्कारसाक्षात्करणात् पूर्वजातिज्ञानम् ॥१८॥

saṃskārasākṣātkaraṇāt pūrvajātijñānam //
saṃskāra-sākṣāt-karaṇāt pūrva-jāti-jñānam //

saṃskāra-潜在印迹；sākṣāt-直接的；karaṇāt-知觉；pūrva-先前的；jāti-出生；jñānam-知识，智慧

专念于潜在印迹，可获得前世的知识。（3.18）

潜在习性包含记忆和习性。记忆是潜意识的，习性是无意识的。在记忆中，潜在印迹是按照一定次序编排的，而无意识中的习性则没有一定的编排次序。潜在印迹以定业的形式储藏着。通过实践专念，可以探索潜在印迹——它们在深度意识、潜意识以及无意识的不同阶段是可“见”的。基于此，瑜伽士通过专念可以了解一个人的前世。基于前世的信息，还可以了解今生的很多情况。据说，佛陀以及他的某些弟子了解自己的前世，甚至此前许多世。在《薄伽梵歌》里，克里希那和阿周那在对话中透露，阿周那不

能知道自己的前世，而克里希那知道。事实上，绝大部分人根本无从了解前世，但在理论上可以去探索前世。我们或许不需要关注前世，但我们一定要关注如何过好今生今世。有人因为心无正念，受到种种干扰，把根本不是自己前世的信息视为自己的，并因此误入歧途。人在潜意识或无意识状态下，也有可能被催眠，被操纵和误导。正因如此，我们强调正念，强调不去干预和误导他人的命运，更不要利用自己的某些能力去操纵他人。

प्रत्ययस्य परचित्तज्ञानम् ॥१९॥

pratyayasya paracittajñānam //
pratyayasya para-citta-jñānam //

pratyayasya-观念，想法，意图；para-其他人，另一个；citta-心；jñānam-知识

专念于他人的观念，可了解他人的心。（3.19）

通过参悟和观照他人的观念，可以了解他人心的状态。不是只有心理学家才具备这个能力，有些人天生有此禀赋。毗耶娑说："他知道贪欲的观念，而不知道贪欲依附的那个对象。他人心中的观念依附的对象，不成为瑜伽士心中的对象；只有他人的观念成为瑜伽士心中的对象。"[1]

① 钵颠阇利著，黄宝生译：《瑜伽经》，商务印书馆2016年版，第94页。

न च तत्सालम्बनं तस्याविषयीभूतत्वात् ॥२०॥

na ca tatsālambanaṃ tasyāviṣayībhūtatvāt //
na ca tat-sālambanaṃ tasya-aviṣayī-bhūtatvāt //

na-不是；ca-和；tat-那（知识）；sālambanaṃ-支撑，支持；tasya-它的；aviṣayī-不在范围内，未察觉的；bhūtatvāt-对象的性质

但不是他人的心的内容，因为那不是专念的对象。（3.20）

了解的是他人的心，而非心的内容。帕坦伽利断言，观念涉及的对象即心之内容不是专念的对象。

कायरूपसंयमात् तद्ग्राह्यशक्तिस्तम्भे चक्षुःप्रकाशासम्प्रयोगेऽन्तर्धानम् ॥२१॥

kāyarūpasaṃyamāt tadgrāhyaśaktistambhe cakṣuḥpra
kāśāsamprayoge'ntarthānam //
kāya-rūpa-saṃyamāt tat-grāhya-śakti-stambhe cakṣuḥ-
prakāśa-asamprayoge-antardhānam //

kāya-身体；rūpa-形态；saṃyamāt-通过专念；tat-它的；grāhya-知觉，感知；śakti-力量；stambhe-阻碍；cakṣuḥ-眼睛；prakāśa-光；asamprayoge-截止，缺乏接触；antardhānam-不可见的

专念于一个人的身体形态，就可以阻止光和眼睛接触，这个人的身体将隐而不现。（3.21）

瑜伽士的专念可以成为一种意识性的或认知性的能量。专念是一个黑匣子，有时可以呈现这种能力，有时可以呈现那种能力。这个领域或许需要进一步的科学探索。这一节，帕坦伽利介绍的是瑜伽修习者的隐身能力。

एतेन शब्दाद्यन्तर्धानमुक्तम् ॥२२॥

etena śabdādyantardhānamuktam //
etena śabda-ādi-antardhānam-uktam //

etena-通过同样的方式；śabda-声音；ādi-其他；antardhānam-截止，缺乏接触；uktam-得到解释

同样，也可以解释他的声音（等）的消失。（3.22）

接着上一节，帕坦伽利告诉我们，对于隐身的瑜伽士，顺理成章地，他的声音、气味等都会消失。

सोपक्रमं निरुपक्रमं च कर्म
तत्संयमादपरान्तज्ञानमरिष्टेभ्यो वा ॥२३॥

sopakramaṃ nirupakramaṃ ca karma tatsaṃyamādap
arāntajñānamariṣṭebhyo vā //
sa-upakramaṃ nirupakramaṃ ca karma tat-saṃyamāt-
aparānta-jñānam-ariṣṭebhyaḥ vā //

sopakramaṃ-快速，直接发生效果；nirupakramaṃ-缓慢，延迟发生效果；ca-和；karma-行动及其结果，业；tat-这些；saṃyamāt-通过专念；aparānta-死亡之时；jñānam-知识；ariṣṭebhyaḥ-征兆；vā-或者

有两种业，一种快速显现，另一种缓慢显现。专念于业或死亡的征兆，瑜伽士可获知他离开身体的确切时间。（3.23）

对很多人来说，何时死亡是神秘的，无法预知。但帕坦伽利却说，有两个方法可以预知自己的死亡。一种是专念于个人的业。还有一种是专念于死亡的征兆。普通人知道自己会死，却不知道何时死去。然而，随着对自己的身体状况的了解，即便是普通人

也极有可能预知到自己的死亡时间：我快要死了。知道自己离世的时间，这本身并不神秘，只是我们未掌握正确的方法而已。

मैत्र्यादिषु बलानि ॥२४॥

maitryādiṣu balāni //
maitrī-ādiṣu balāni //

maitrī-友好；ādiṣu-其他类似的（美德，如慈悲、喜乐）；balāni-力量

专念于友好等德行，便可获得其力量。（3.24）

有人说，你想什么就有什么。这当然是一种夸张的说法。但瑜伽确实认为，专念于某种德行，就会获得那种德行所具有的力量。毗耶娑说："对快乐的生物充满友爱，便获得友爱的力量。对痛苦者充满悲悯，便获得悲悯的力量。对品行纯洁者充满喜悦，便获得喜悦的力量。依据这些情感进入三摩地，就是专念。由此，产生不可抵御的威力。"[1]

① 钵颠阇利著，黄宝生译：《瑜伽经》，商务印书馆2016年版，第95页。引文有修订。

बलेषु हस्तिबलादीनि ॥२५॥

baleṣu hastibalādīni //
baleṣu hasti-bala-ādīni //

baleṣu-在力量上；hasti-大象；bala-力量；ādīni-其他

专念于某种力量，如大象或其他动物的力量，便可获得那种力量。（3.25）

专念意味着凝聚心意的能量，这种能量有可能产生实际的作用。或者说，专念可以调动身体的潜能，使之爆发出比平时大得多的力量。

另一种可能的解释是，在印度神话中，大象象征海底轮，我们专念于海底轮的象征——大象，便可稳定海底轮，获得力量。

प्रवृत्त्यालोकन्यासात् सूक्ष्मव्यवहितविप्रकृष्टज्ञानम् ॥२६॥

pravṛttyālokanyāsāt sūkṣmavyavahitaviprakṛṣṭajñānam //
pravṛtti-āloka-nyāsāt sūkṣma-vyavahita-viprakṛṣṭa-jñānam //

pravṛtti-认知，更高的感官活动；āloka-光；nyāsāt-通过投射；sūkṣma-精微的；vyavahita-隐秘的；viprakṛṣṭa-远处的；jñānam-知识

专念于内在之光，便可获得精微的、隐秘的或遥远之物的知识。（3.26）

认知需要主体和客体接触。如果主、客体之间存在阻隔，认知就难以发生。通过专念于自己的内在之光，获知精微的、隐秘的、遥远的事物，这是一种光的投射。例如我们进入一个黑暗的房间，什么也看不见，可只要我们打开手电筒，就可以清楚地看见房中被手电筒照亮的地方。如何有效地专念于内在之光，就像在黑暗中打开了手电筒，这是一个实践问题。我们实践了，但并不知道我们能否拥有这样的能力。帕坦伽利告诉我们，这一切都是可能的。

भुवनज्ञानं सूर्ये संयमात् ॥२७॥

bhuvanajñānaṃ sūrye saṃyamāt //
bhuvana-jñānaṃ sūrye saṃyamāt //

bhuvana-全世界（太阳系）；jñānaṃ-知识；sūrye-太阳上；saṃyamāt-通过专念

专念于太阳，便可获得太阳系的知识。（3.27）

这里的“太阳”，字面上理解是太阳系的太阳。太阳系和太阳是整体和部分（重要部分）的关系。通过太阳（部分）可以了解太阳系（整体）。但从专念的性质看，这里的“太阳”似乎不是真正的太阳。实则，太阳象征阳脉，代表人体的右脉。

चन्द्रे ताराव्यूहज्ञानम् ॥२८॥

candre tārāvyūhajñānam //
candre tārā-vyūha-jñānam //

candre-月亮上；tārā-星系；vyūha-排列，分布；jñānam-知识

专念于月亮，便可获得星系分布的知识。（3.28）

从专念的性质看，这里的“月亮”似乎不是真正的月亮。实则，月亮象征阴脉，代表人体的左脉。

ध्रुवे तद्गतिज्ञानम् ॥२९॥

dhruve tadgatijñānam //
dhruve tat-gati-jñānam //

dhruve-北极星上；tat-它们的；gati-运动；jñānam-知识

专念于北极星，便可获得星系运动的知识。（3.29）

从专念的性质看，这里的“北极星”似乎不是真正的北极星。实则，北极星象征中脉，代表人体的中脉。

नाभिचक्रे कायव्यूहज्ञानम् ॥३०॥

nābhicakre kāyavyūhajñānam //
nābhi-cakre kāya-vyūha-jñānam //

nābhi-肚脐；cakre-轮，圈，区域；kāya-身体；vyūha-排列，安排；jñānam-知识

专念于肚脐，便可获得身体构造的知识。（3.30）

专念于肚脐，就是专念于脐轮。

कण्ठकूपे क्षुत्पिपासानिवृत्तिः ॥३१॥

kaṇṭhakūpe kṣutpipāsānivṛttiḥ //
kaṇṭha-kūpe kṣut-pipāsā-nivṛttiḥ //

kaṇṭha-喉咙；kūpe-凹陷；kṣut-饥饿；pipāsā-干渴；nivṛttiḥ-抑止

专念于喉咙，便可抑止饥渴。（3.31）

专念于喉咙，就是专念于喉轮。

कूर्मनाड्यां स्थैर्यम् ॥३२॥

kūrmanāḍyāṃ sthairyam //
kūrma-nāḍyāṃ sthairyam //

kūrma-乌龟；nāḍyāṃ-神经，脉道；sthairyam-稳定，一动不动

专念于龟脉，便可稳定。（3.32）

一般认为，龟脉在喉咙以下，胸腔之中。但艾扬格却说，有关龟脉的具体知识在时间的长河中已经失传，其实际位置已不为人知。这里的“稳定”也可能是象征意义上的，象征人像龟一样摄回肢体，安稳自若。

मूर्धज्योतिषि सिद्धदर्शनम् ॥३३॥

mūrdhajyotiṣi siddhadarśanam //
mūrdha-jyotiṣi siddha-darśanam //

mūrdha-头；jyotiṣi-光；siddha-悉达，完美者；darśanam-眼力，洞察力，视见

专念于颅内之光，便可获得悉达的眼力。（3.33）

毗耶娑说，头颅内的空隙中有闪耀的光。专念于头颅里的光，就是专念于眉间轮。

प्रातिभाद्वा सर्वम् ॥३४॥

prātibhādvā sarvam //
prātibhāt-vā sarvam //

prātibhāt-直觉；vā-或者；sarvam-一切事物

或者通过直觉认知一切事物。（3.34）

直觉不依赖理性推理，直抵事物的本质，其间无有任何中介的遮蔽。

हृदये चित्तसंवित् ॥३५॥

hṛdaye cittasaṃvit //
hṛdaye citta-saṃvit //

hṛdaye-心脏上；citta-心；saṃvit-知识

专念于心脏，便可获得心的知识。（3.35）

专念于心脏，就是专念于心轮。

सत्त्वपुरुषयोरत्यन्तासंकीर्णयोः प्रत्ययाविशेषो भोगः परार्थत्त्वात् स्वार्थसंयमात् पुरुषज्ञानम् ॥ ३६ ॥

sattvapuruṣayoratyantāsaṃkīrṇayoḥ pratyayāviśeṣo bhogaḥ parārthattvāt svārthasaṃyamāt puruṣajñānam //
sattva-puruṣayoḥ-atyanta-asaṃkīrṇayoḥ pratyaya-aviśeṣaḥ bhogaḥ para-arthattvāt sva-artha-saṃyamāt puruṣa-jñānam //

sattva-萨埵，善良属性；puruṣayoḥ-和原人；atyanta-全部，全然，无尽；asaṃkīrṇayoḥ-不同的；pratyaya-认知；aviśeṣaḥ-没有区分；bhogaḥ-经验；para-另一个；arthattvāt-目的性；sva-自己的；artha-主观意识，兴趣；saṃyamāt-通过专念；puruṣa-原人；jñānam-知识

萨埵和原人是完全不同的。萨埵仅仅是原人的工具，而原人则是独立自存的。专念于原人的独立性，便可获得原人的知识。（3.36）

原质有三个属性，分别是萨埵、罗阇和答磨。萨埵是其中之一，属于善良属性。萨埵本身没有自己的目的，它服务于原人，是工具性的。只有原人是真

正的主体，是见者，是目击者。通过不断专念于原人，专念于原人的独立、独特，便可以获得原人的知识。根据数论瑜伽哲学，原人是独立的、不变的、纯粹的、不同于原质的意识。真正沉浸在原人的意识中，就意味着同原质分离，意味着不执。认识到原人不同于原质至关重要。我们之所以认为我们是原质，是因为无明，是因为错误的认同。一旦打破了这种认同，就可以分离原质和原人。而专念于原人的独立性是打破认同、分离原质的最核心的一种方法。

ततः प्रातिभश्रावणवेदनादर्शास्वादवार्ता जायन्ते ॥३७॥

tataḥ prātibhaśrāvaṇavedanādarśāsvādavārtā jāyante //
tataḥ prātibha-śrāvaṇa-vedanā-ādarśa-āsvāda-vārtāḥ jāyante //

tataḥ-由此；prātibha-直觉；śrāvaṇa-听觉官能；vedanā-触觉官能；ādarśa-视觉官能；āsvāda-味觉官能；vārtāḥ-嗅觉官能；jāyante-产生出

由此，产生直觉以及更高级的听觉、触觉、视觉、味觉和嗅觉。（3.37）

分辨了原人和原质，明了原人的独立性，就会产生强大的直觉能力。这种直觉能力带来更高级的认知能力，带来更精微的听觉、触觉、视觉、味觉和嗅觉。

ते समाधावुपसर्गा व्युत्थाने सिद्धयः ॥३८॥

te samādhāvupasargā vyutthāne siddhayaḥ //
te samādhau-upasargāḥ vyutthāne siddhayaḥ //

te-这些（悉地）；samādhau-对于三摩地；upasargāḥ-障碍；vyutthāne-在外在化状态，在世界意识状态，在世俗状态；siddhayaḥ-悉地，力量

在世俗状态下，它们是力量；但是对于三摩地，它们是障碍。（3.38）

帕坦伽利作为一个仙人，上通天，下达地。他非常清楚，因为专念而产生的超自然力量对于不同人有不同的意义。对于普通人，它们是力量，具有超凡的魅力，具备超自然力量，是非常了不起且能带来种种好处的事。然而，这对于追求自由的瑜伽士来说，则不是什么好事，很可能成为通往三摩地途中的障碍。瑜伽士有可能因为拥有某种超自然力量而背离瑜伽正道，走入歧途。要实现分辨自我真理这一瑜伽目标，就不能执着于瑜伽专念所带来的任何超自然力量。

बन्धकारणशैथिल्यात् प्रचारसंवेदनाच्च चित्तस्य परशरीरावेशः ॥३९॥

bandhakāraṇaśaithilyāt pracārasaṃvedanācca cittasya paraśarīrāveśaḥ //
bandha-kāraṇa-śaithilyāt pracāra-saṃvedanāt-ca cittasya para-śarīra-āveśaḥ //

bandha-束缚；kāraṇa-原因；śaithilyāt-松开；pracāra-通道；saṃvedanāt-通过知识；ca-和；cittasya-心的；para-另一个；śarīra-身体；āveśaḥ-进入

随着束缚之因的消解，凭借心的活动通道知识，瑜伽士的精身能进入另一个人的身体。（3.39）

根据印度传统哲学，人既有叫作粗身的粗糙的身体，也有叫作精身的精微的身体，还有因果身，合称三身。粗身不能轮回，但精身却可以从这一世转移到下一世。帕坦伽利还说，精身可以从一个身体进入另一个身体。这里有个故事。据说，商羯罗和一个叫弥室罗的哲学家辩论。商羯罗善辩，几乎要把弥室罗驳倒了，这时弥室罗的妻子巴罗蒂却要商羯罗谈论性经验。彼时商羯罗是一个年轻的托钵僧，不可能有性经验。商羯罗一时无措，双方约定一个月后再辩。很巧，大瑜伽士商羯罗途中遇到一个即将离世的国王。这样他就获得了一个机会，进入国王的身体，代国王继续执政。借着国王的身体，商羯罗在很短时间内获得了性经验，并最终令弥室罗夫妇折服。

उदानजयाज्जलपङ्ककण्टकादिष्वसङ्ग उत्क्रान्तिश्च ॥४०॥

udānajayājjalapaṅkakaṇṭakādiṣvasaṅga utkrāntiśca //
udāna-jayāt-jala-paṅka-kaṇṭaka-ādiṣu-asaṅgaḥ utkrāntiḥ-ca //

udāna-上行气；jayāt-控制，掌控；jala-水；paṅka-沼泽；kaṇṭaka-荆棘；ādiṣu-其他的类似对象；asaṅgaḥ-不执于；utkrāntiḥ-飘浮空中；ca-和

通过控制上行气，瑜伽士就可以在水面、沼泽、荆棘或类似的东西上行走，也可以飘浮在空中。（3.40）

帕坦伽利在这一节谈到了普拉那能量。普拉那能量在人体中表现为五种次一级的能量，分别是：命根气、上行气、下行气、平行气和遍行气。命根气以口鼻为通道，达于心脏；平行气均匀平正，达于肚脐；下行气向下，达于脚底；上行气向上，达于头顶；遍行气则遍布全身。这是笼统的说法，更具体的

介绍，见《智慧瑜伽》[1]和《阿育吠陀瑜伽》[2]。帕坦伽利认为，上行气具有飘浮的力量。控制住上行气，人就可以克服重力，踏虚而行。

---

① 商羯罗著，斯瓦米·尼哈拉南达英译，王志成汉译并释论：《智慧瑜伽》，四川人民出版社2018年版，第54页。

② 王志成编著：《阿育吠陀瑜伽》，四川人民出版社2018年版，第60页。

समानजयाज्ज्वलनम् ॥४१॥

samānajayājjvalanam //
samāna-jayāt-jvalanam //

samāna-平行气；jayāt-控制，掌控；jvalanam-光芒，发光

控制住平行气，瑜伽士将周身放光。
（3.41）

平行气，主要活动在脐区、胃、小肠，以及排泄流汗的通道，负责提供胃火、消化食物、分离消化的食物等。身体放光乃自然现象，是瑜伽修习水平的一种显化。

श्रोत्राकाशयोः सम्बन्धसंयमाद्दिव्यं श्रोत्रम् ॥४२॥

śrotrākāśayoḥ sambandhasaṃyamāddivyaṃ śrotram //
śrotra-ākāśayoḥ sambandha-saṃyamāt-divyaṃ śrotram //

śrotra-耳朵；ākāśayoḥ-和空；sambandha-关系；saṃyamāt-通过专念；divyaṃ-神圣的，超自然的；śrotram-听力

专念于耳朵与空的关系，可获得超自然听力。（3.42）

五大元素中，空元素是第一元素，其他元素都从空元素中产生。根据奥义书，空最靠近终极的阿特曼。空元素是物质元素中极其精微的。毗耶娑说，所有的听觉和所有的声音都是以空为前提的。空元素没有障碍，遍布一切。专念于耳朵和空的关系，瑜伽士可能出现天耳通，获得超自然听力。

कायाकाशयोः सम्बन्धसंयमाल्लघुतूलसमापत्तेश्चाकाशगमनम् ॥४३॥

kāyākāśayoḥ sambandhasaṃyamāllaghutūlasamāpatteścākāśagamanam //
kāya-ākāśayoḥ sambandha-saṃyamāt-laghu-tūla-samāpatteḥ-ca-ākāśa-gamanam //

kāya-身体；ākāśayoḥ-和空；sambandha-关系；saṃyamāt-通过专念；laghu-光；tūla-棉絮；samāpatteḥ-达到，聚结；ca-和；ākāśa-空；gamanam-旅行，飞行，运动

专念于身体与空的关系，瑜伽士的身体将变得轻如棉絮，可以在空中飞行。（3.43）

专念于身体和空的关系，身体就会变得轻盈如棉絮，或者虚化，人就可以在空中飞行。这样的功夫超乎寻常，现实中更是闻所未闻，而帕坦伽利认为这是可能的。为何鸟儿可以在空中飞行？那是因为鸟儿已经先天地解决了身体和空的关系，其身体适合飞翔。人类发明的飞机，则后天地解决了身体（机体）和空的关系，不仅自己能飞行，其庞大的身躯还能载

着人和物一同升空。但一个人，如何能不借助外力，独自飞行呢？也有人认为，这里，帕坦伽利说的可能是人的精身在空中飞行，而不是粗身在飞行。这些都是可以探讨的问题。但是，从瑜伽的目标出发，这不应该成为瑜伽修习者关注的重点。

बहिरकल्पिता वृत्तिर्महाविदेहा ततः
प्रकाशावरणक्षयः ॥४४॥

bahirakalpitā vṛttirmahāvidehā tataḥ prakāśāvaraṇakṣayaḥ //
bahiḥ-akalpitā vṛttiḥ-mahāvidehā tataḥ prakāśa-
āvaraṇa-kṣayaḥ //

bahir-外在的；akalpitā-非人为的，无法想象的；vṛttiḥ-波动；mahāvidehā-大无身；tataḥ-由此；prakāśa-光；āvaraṇa-遮蔽；kṣayaḥ-摧毁，清除

专念于脱离身体的状态即“大无身”状态时心的波动，知识之光的所有遮蔽都将被清除。（3.44）

“大无身”状态就是摆脱了肉身的状态，就是我们前面谈到的精身的状态。摆脱了粗身，一切因粗身而来的遮蔽自然消除。

स्थूलस्वरूपसूक्ष्मान्वयार्थवत्त्वसंयमात् भूतजयः ॥४५॥

sthūlasvarūpasūkṣmānvayārthavattvasaṃyamāt bhūtajayaḥ //
sthūla-svarūpa-sūkṣma-anvaya-arthavattva-saṃyamāt bhūta-jayaḥ //

sthūla-粗糙的；svarūpa-本质特征，本性；sūkṣma-精微的；anvaya-相互关联的，关联；arthavattva-目的；saṃyamāt-通过专念；bhūta-（五大）元素；jayaḥ-掌控

专念于五大元素的粗糙（层面）、精微（层面）、本性、关系和目的，就可以掌控五大元素。（3.45）

这里的专念分为五个层面：

1. 感官可以感受的粗糙元素。

2. 精微元素，它是粗糙元素的原因。

3. 本性或本质特征。例如，地的坚硬、水的湿润、火的炙热、风的变化、空的遍在。

4. 关系。这就进入了三德层面。所有元素和三德都有某种关系。例如，地元素和答磨关系密切，和

其他德性也有关系。

5. 目的。这一切的存在是为了什么？数论派和瑜伽派都认为，原质及其一切的展示都是为了服务原人。

帕坦伽利说，专念于五大元素的这五个方面，就可以掌控这五大元素。我们可以以此来解释养生学，也就是五大元素和养生的关系。根据阿育吠陀，人是由五大元素构成的，但受到先天及后天因素的影响，五大元素在人体内常处于失衡状态。除饮食调节外，专念也是平衡五大元素的有效办法。

ततोऽणिमादिप्रादुर्भावः कायसम्पत् तद्धर्मानभिघातश्च ॥४६॥

tato'ṇimādiprādurbhāvaḥ kāyasampat taddharmānabhighātaśca //
tataḥ-aṇimādi-prādur-bhāvaḥ kāya-sampat tat-dharma-anabhighātaḥ-ca //

tataḥ-由此；aṇimāadi-变小的能力；adi-等；prādur-显现，展示；bhāvaḥ-出现，显现状态；kāya-身体；sampad-完美；tat-它们的；dharma-功能；anabhighātaḥ-没有障碍；ca-和

由此可以获得让身体缩至原子（尺寸）的力量，以及所有其他类似的力量。这一完美的身体不再受限于五大元素。（3.46）

掌控了五大元素，就意味着五大元素不再是障碍。传统上，瑜伽修习可以带来八种力量：

1. 变小；

2. 变大；

3. 变轻；

4. 变重；

5. 穿透一切，获得想要的东西；

6. 随心所欲，达成愿望；

7. 掌握一切，成为自在天；

8. 控制五大元素，进而控制人和物。

रूपलावण्यबलवज्रसंहननत्वानि कायसम्पत् ॥४७॥

rūpalāvaṇyabalavajrasaṃhananatvāni kāyasampat //
rūpa-lāvaṇya-bala-vajra-saṃhananatvāni kāya-sampat //

rūpa-美丽；lāvaṇya-优雅，迷人；bala-力量；vajrasaṃhananatvāni-坚如金刚；kāya-身体；sampat-完美

身体的完美包括：美丽、优雅、有力量、坚如金刚。（3.47）

这里谈论专念带来的身体变化。

有人说，瑜伽只关心解脱或三摩地。也不全是。帕坦伽利瑜伽的最高目标是独存，是原人和原质的分离。但他并没有否定瑜伽带来的力量及其他种种好处。美丽、优雅、力量、坚如金刚，皆是完美身体的体现。帕坦伽利并不排斥完美的、健康的身体。尽管它们本身不是瑜伽的目标，但这并不意味着我们需要刻意回避它们。这些都是瑜伽修行途中的美丽风景，也是达成瑜伽目标的副产品。世俗之人往往视之为珍宝，而真正的瑜伽士，决不会耽溺于此，而是直奔瑜伽的终极目标——解脱、自由、独存。

ग्रहणस्वरूपास्मितान्वयार्थवत्त्वसंयमादिन्द्रियजयः ॥४८॥

grahaṇasvarūpāsmitānvayārthavattvasaṃyamādindriyajayaḥ //
grahaṇa-svarūpa-asmitā-anvaya-arthavattva-saṃyamāt-indriya-jayaḥ //

grahaṇa-认知活动；svarūpa-本质特征；asmitā-有我，自我感，阿斯弥达；anvaya-关系，关联，接合；arthavattva-目的；saṃyamāt-通过专念；indriya-感官；jayaḥ-掌控

专念于认知过程、感官的本质、有我、三德的构成及其目的，便可掌控感官。（3.48）

专念于认知过程、感官的本质、有我、三德的构成及其目的，便会明白原人不是这些，从而实现对感官的掌控。

ततो मनोजवित्वं विकरणभावः प्रधानजयश्च ॥४९॥

tato manojavitvaṃ vikaraṇabhāvaḥ pradhānajayaśca //
tataḥ mano-javitvaṃ vikaraṇa-bhāvaḥ pradhāna-jayaḥ-ca //

tataḥ-由此，这样；mano-心意，心；javitvaṃ-快速运动；vikaraṇa-没有感官；bhāvaḥ-条件，状况；pradhāna-最初的因，原质；jayaḥ-掌控；ca-和

这样，身体便获得像心意一样飞速移动的力量，以及无需感官帮助而发挥作用的力量，并因此掌控原质。（3.49）

这里需要注意，这个身体不是粗身，因为粗身的构成是原质的产物。原质的产物如何可能摆脱原质本身呢？控制感官、控制原质的能力，本质上是一种获得身心自由的能力和境地，也就是摆脱原质束缚的能力。这种能力获自专念的修习。

सत्त्वपुरुषान्यताख्यातिमात्रस्य सर्वभावाधिष्ठातृत्वं
सर्वज्ञातृत्वं च ॥५०॥

sattvapuruṣānyatākhyātimātrasya
sarvabhāvādhiṣṭhātṛtvaṃ sarvajñātṛtvaṃ ca //
sattva-puruṣa-anyatā-khyāti-mātrasya sarva-bhāva-
adhiṣṭhātṛtvaṃ sarva-jñātṛtvaṃ ca //

sattva-萨埵；puruṣa-原人；anyatā-区分，分别；khyāti-看见；mātrasya-仅仅；sarva-所有的；bhāva-状态；adhiṣṭhātṛtvaṃ-卓越；sarva-所有的；jñātṛtvaṃ-知道；ca-和

专念于萨埵与原人之间的分别，便可全知全能。（3.50）

萨埵是原质的属性之一，可以说，萨埵是最接近原人的。专念于二者之间的不同，便可认清二者，变得全知全能。“全知全能”如何理解？这是一种获得分辨能力之后的状态，无关乎世俗知识的掌握。这也意味着人的自由——就如自在天一般洞悉一切，无所不能。我们应该从垂直维度来理解，此时，瑜伽士已经摆脱了三德的束缚，成为三德之主。

तद्वैराग्यादपि दोषबीजक्षये कैवल्यम् ॥५१॥

tadvairāgyādapi doṣabījakṣaye kaivalyam //
tat-vairāgyāt-api doṣa-bīja-kṣaye kaivalyam //

tat-那（指各种力量）；vairāgyāt-不执；api-甚至，也，即使；doṣa-不足，束缚；bīja-种子；kṣaye-摧毁；kaivalyam-独存

不执着于这些力量，将摧毁束缚的种子，使瑜伽士达至独存之境。（3.51）

瑜伽的力量是一把双刃剑。由于上述这些迷人的瑜伽力量可能带来的种种好处满足了私我，私我的欲望因此膨胀，使得瑜伽士被束缚得更紧。不执着于这些瑜伽力量，这把剑就不会刺向自己，相反，它会很有用、很有益，它会铲尽束缚的种子，使瑜伽士获得解脱。这里，帕坦伽利并没有说要避免这些力量，而是要我们不执着于这些力量。这是非常关键的教导。

स्थान्युपनिमन्त्रणे सङ्गस्मयाकरणं पुनरनिष्टप्रसङ्गात्
॥५२॥

sthānyupanimantraṇe saṅgasmayākaraṇaṃ
punaraniṣṭaprasaṅgāt //
sthāni-upanimantraṇe saṅga-smaya-akaraṇaṃ punaḥ-
aniṣṭa-prasaṅgāt //

sthāni-天界的；upanimantraṇe-邀请，受邀；saṅga-接触，相遇；smaya-骄傲，微笑；akaraṇaṃ-不做，不接受；punaḥ-再次；aniṣṭa-不受欢迎；prasaṅgāt-沉溺，依附

受到天神的邀请时，瑜伽士既不要执着，也不要骄傲，因为他可能再次不受欢迎。（3.52）

在专念中，瑜伽士会受到种种诱惑，智慧的瑜伽士应淡然处之。我们都听说过佛陀觉悟之前受诱惑、耶稣在旷野里受诱惑的故事。从瑜伽心理学的角度说，所谓诱惑，正是我们的潜在印迹被激活带来的心理问题。一旦超越诱惑，潜在印迹就如烧焦的种子一样，不再萌发。

क्षणतत्क्रमयोः संयमाद्विवेकजं ज्ञानम् ॥५३॥

kṣaṇatatkramayoḥ saṃyamādvivekajaṃ jñānam //
kṣaṇa-tat-kramayoḥ saṃyamāt-viveka-jaṃ jñānam //

kṣaṇa-刹那；tat-它的；kramayoḥ-连续，顺序；saṃyamāt-通过专念；vivekajaṃ-分辨的；jñānam-知识

专念于刹那以及刹那在时间中的连续，便能获得分辨的知识。（3.53）

刹那是最小的时间单元。刹那的连续就是所谓的时间，它本质上只是心创造的一个观念。帕拉伯瓦南达说："通过专念于刹那及刹那在时间中的连续，瑜伽士逐渐认识到整个宇宙在每一刹那都经历着变化，因此他领悟到宇宙的本性是短暂的。这种理解就是所谓的分辨的知识。"①

① 帕坦伽利著，帕拉伯瓦南达、克里斯托弗·伊舍伍德注，王志成、杨柳译：《瑜伽经》，商务印书馆2022年版，第175页。

जातिलक्षणदेशैरन्यतानवच्छेदात् तुल्ययोस्ततः प्रतिपत्तिः ॥५४॥

jātilakṣaṇadeśairanyatānavacchedāt tulyayostataḥ pratipattiḥ //
jāti-lakṣaṇa-deśaiḥ-anyatā-anavacchedāt tulyayoḥ-tataḥ pratipattiḥ //

jāti-种类；lakṣaṇa-特性；deśaiḥ-位置；anyatā-不同；anavacchedāt-不可区分的；tulyayoḥ-同样；tataḥ-由此，因此；pratipattiḥ-可区分的

由此可以区分两个极其相似的事物，就算它们的种类、特性和位置都一样。（3.54）

一旦具备了这种分辨能力，就能区分两个事物，不管它们之间有多少相似性。因为，瑜伽士专念于刹那之间的细微差别，能发现两个事物之间的纤毫不同。这一能力保证了瑜伽士可以区分原人和原质，从而保证瑜伽士可以臻达三摩地，并安住于原人之中。

तारकं सर्वविषयं सर्वथाविषयमक्रमं चेति विवेकजं ज्ञानम् ॥५५॥

tārakaṃ sarvaviṣayaṃ sarvathāviṣayamakramaṃ ceti vivekajaṃ jñānam //
tārakaṃ sarva-viṣayaṃ sarvathā-viṣayam-akramaṃ ca-iti viveka-jaṃ jñānam //

tārakaṃ-卓越的，超然的；sarva-所有的；viṣayaṃ-对象，事物；sarvathā-以各种方式；viṣayam-对象，事物；akramaṃ-不连续，同时；ca-和；iti-这，这一；vivekajaṃ-分辨的；jñānam-知识

这种卓越的分辨知识是直觉性知识，能够同时在各种状态下理解各种对象。（3.55）

帕坦伽利说这种分辨知识是直觉性的。除了直觉性知识，还有感性知识、理性知识，但后面两种知识并不具备产生不执的能力。事实上，我们需要一个飞跃。直觉性的分辨知识使人在垂直维度发展，这种直觉性垂直维度的认识的最大力量，就是让认识主体和认识对象分离。与对象认同是一种无知或无明，是

烦恼、痛苦、麻烦的根源，也是轮回的根源。瑜伽修习最终就是要获得这种直觉力，获得这种分辨的知识，摆脱对象的束缚，认识到自己就是不朽的原人，成为自由的主体。

सत्त्वपुरुषयोः शुद्धिसाम्ये कैवल्यम् ॥५६॥

sattvapuruṣayoḥ śuddhisāmye kaivalyam //
sattva-puruṣayoḥ śuddhi-sāmye kaivalyam //

sattva-萨埵；puruṣayoḥ-原人；śuddhi-纯粹；sāmye-同等；kaivalyam-独存

当萨埵同原人一般纯粹时，就臻达了独存之境。（3.56）

这一节是第三章的总结。瑜伽修习就是要使萨埵（心）和原人一样纯粹，这样才能完成独存的目标。萨埵是三德之一，代表了纯粹、稳定、善良、光明、清晰。正如拉斐尔所说，当萨埵占据主导，罗阇和答磨不再兴风作浪时，萨埵变得完全纯粹，这时它反映的便是纯粹的原人。[1]这意味着萨埵不再被染着。瑜伽修习者在此生进入这样的境地，则他们就是自由的灵魂，就是在世的独存者。正如毗耶娑所说，

---

① Raphael, *The Regeal Way to Realization (Yogadarśana)*, New York: Aurea Vidya, 2012, p. 124.

此时，“无知消失，不再有烦恼。没有烦恼，也就没有业报。在这种状态中，三德的职责完成，不再具有可见性而出现在原人面前。这是原人的独存性。这时，原人唯独闪耀自己形态的光芒，纯洁无瑕，成为独存”。[①]

现在我们就第三章做一个总结。

1. 介绍了瑜伽八支的最后三支，即专注、冥想和三摩地。这三支是连续的，并不分离。

2. 专念是更为精微的瑜伽工具或方式。

3. 专念于身体不同部位带来各种瑜伽的力量，可以控制感官、控制五大元素、控制原质。不执于这些由专念带来的超自然力量或能力将成就独存（最终自由）。

第三章给我们最深的印象是，帕坦伽利阐明了内支的本质以及专念的实践所带来的种种超自然力量。不少人把专念的对象过分地理解为外在的，但事实上从制感之后，瑜伽的实践就是朝内的，而不是朝外的。当帕坦伽利谈到专念于北极星、太阳、月亮这

① 钵颠阇利著，黄宝生译：《瑜伽经》，商务印书馆2016年版，第117页。

些对象时，我们尽可能地不要仅从字面上去理解。专念主要发生在自身内部，可以把专念的对象理解为身体的不同部位，特别是不同的脉轮中心或重要经络，如中脉、左脉和右脉。甚至像专念于大象这样的说法，都可以理解为一种象征性的表达——一种对力量的专念。因为在印度神话中，大象象征身体中的海底轮。我们认为，这一认识和帕坦伽利的原意是一致的。

从生命管理的角度看，我们需要摆正人生的方向。生命的途中充满了诱惑。在实践瑜伽的路途中，瑜伽士很可能因为自己的成就（力量）而迷失自我，陷入新的困境，终不能脱离轮回的苦海。在生命管理的高级阶段，最大的问题依然是正念。在达至圆满之前，我们要时时警醒自己。就像开车，万不能耽于途中的风景，而松懈手中的方向盘。

我们对圣洁的《瑜伽经》第三章力量篇的翻译和注释就此结束。

॥ कैवल्यपादः ॥

kaivalya pādaḥ

第四章　解脱篇

（凡34节经文）

第四章解脱篇总计34节经文，涉及以下主题：获得瑜伽力量的方法、个体性存在的原因、个体和宇宙的心、业、万物统一性、知觉理论、心的工具属性、独存的道路、独存。

जन्मौषधिमन्त्रतपःसमाधिजाःसिद्धयः ॥१॥

janmauṣadhimantratapaḥsamādhijāḥ siddhayaḥ //
janma-auṣadhi-mantra-tapaḥ-samādhi-jāḥ siddhayaḥ //

janma-出生；auṣadhi-药草；mantra-曼陀罗；tapaḥ-苦行；samādhi-三摩地；jāḥ-产生的；siddhayaḥ-力量，悉地

特别的力量可能与生俱来，也可以通过药草、念诵曼陀罗、苦行和三摩地获得。（4.1）

现在，我们进入第四章解脱篇。

有人认为这第四章是后人增补的。理由是这一章的内容和前面章节的内容多有重复。这里，我们不在这个问题上纠缠，而是把这一章视为《瑜伽经》的一个有机组成部分。

这一节告诉我们超自然力量的几种来源：

1. 天生。传统的瑜伽哲学认为，有的人的潜在印迹中蕴含了特别的力量（悉地）。一个人生成什么是由他原先的业决定的，用时兴的话说，这是基因决

定的。

2. 药草。某些药草可以激活人体的潜能，引发特别的体验，甚至带来特别的力量，例如让人神清气爽、活力百倍。

3. 念诵曼陀罗。曼陀罗涉及心意层，不同曼陀罗具有不同的功能。长期念诵曼陀罗，不仅对精身有影响，对粗身也有影响。瑜伽士相信，曼陀罗具有疗愈性的力量。毗耶娑则更强调曼陀罗的外在力量，例如使人腾空、变小。[①]在现实中，这种力量并不常见，常见的是曼陀罗对心意塑造之力量。例如，通过曼陀罗的念诵让人心意平静、充满喜乐。

4. 苦行。严格的苦行会带来巨大的精神力量。这种精神力量会通过某种途径影响外在的事物和过程。有人说，甘地的苦行就具有巨大的力量，在印度独立运动中发挥了巨大的作用。毗耶娑说，苦行的力量就是让人称心如意，有什么愿望都会达成。[②]古代印度神话中，常有某位大神或某位圣人通过苦行获得巨大力量的传说。

5. 三摩地。就如第三章所描述的，专念，尤其

---

① 黄宝生译：《奥义书》，商务印书馆2010年版，第118页。
② 黄宝生译：《奥义书》，商务印书馆2010年版，第118页。

是三摩地，可以带来种种瑜伽力量。

帕坦伽利教导我们，不可把这种瑜伽力量当作修习的目标，更不可执着于这些力量，否则它们会成为瑜伽道路上的障碍，因为追求或者执着于这些力量会导致我慢的增强。但如果瑜伽士充满正念，在三摩地中出现或由于专念而出现的某些力量不应该被排斥，而应该用于服务他人和社会，以及瑜伽的目标。

जात्यन्तरपरिणामः प्रकृत्यापूरात् ॥२॥

jātyantarapariṇāmaḥ prakṛtyāpūrāt //
jāti-antara-pariṇāmaḥ prakṛti-āpūrāt //

jāti-种类，形态；antara-其他的，另一个；pariṇāmaḥ-转变；prakṛti-原质；āpūrāt-流动

一种生命形态转变成为另一种生命形态，是因为原质的流动。（4.2）

这里谈到了进化与退化的原因。一种生命形态转变成为另一种生命形态，如果是从低级转向高级，则被视为进化；如果从高级转向低级，则被视为退化。宇宙中既存在进化，也存在退化。而这一切都是原质的运动或者说流动造成的。

निमित्तमप्रयोजकं प्रकृतीनां वरणभेदस्तु ततः क्षेत्रिकवत् ॥३॥

nimittamaprayojakaṃ prakṛtīnāṃ varaṇabhedastu tataḥ kṣetrikavat //
nimittam-aprayojakaṃ prakṛtīnāṃ varaṇa-bhedaḥ-tu tataḥ kṣetrikavat //

nimittam-助因，偶然原因；aprayojakaṃ-不会引起；prakṛtīnāṃ-自然进化；varaṇa-障碍；bhedaḥ-消除；tu-但是；tataḥ-从那里；kṣetrikavat-像农夫

农夫清除水渠里的杂物以便水可以自然流淌；助因不会直接引起自然进化，它们只除去自然进化的障碍。（4.3）

要获得农业丰收就要灌溉，而水渠中的杂物会阻碍水的流动，进而影响作物的收成。可毕竟作物成长最直接的原因是种子，没有种子，浇再多的水也没有用。水只是作物生长的助因。

与农夫清理水渠如出一辙，各种瑜伽实践，如行动瑜伽、智慧瑜伽、虔信瑜伽、胜王瑜伽、哈达瑜

伽、曼陀罗瑜伽、昆达里尼瑜伽等，也只是清除原人觉悟道路上的障碍，而使原质顺畅流动而已。实践方法本身，并不直接带来觉悟。

作为生命的管理者，瑜伽士要像农夫一样，为获得瑜伽事业的丰收，时时省察，时时清理。生命的进化就是清理障碍的过程，而退化就是累积障碍的过程。科学的生命管理就是要有效地清理障碍。

निर्माणचित्तान्यस्मितामात्रात् ॥४॥

nirmāṇacittānyasmitāmātrāt //
nirmāṇa-cittāni-asmitā-mātrāt //

nirmāṇa-形成的，创造的，个体化的；cittāni-多元性的意识，心；asmitā-有我，阿斯弥达，自我感；mātrāt-最初的

个体化的意识即心源于有我。（4.4）

这一节经文很容易被误解。

根据毗耶娑的理解，瑜伽士创造了许多身体，这些身体都有心。这些心都源于有我（阿斯弥达）。[①]但是，费厄斯坦认为，毗耶娑的理解并不正确。他引用豪尔（J. W. Hauer）的说法，认为nirmāṇa-cittā一词可以有不同的含义，可以指“个体化的意识即心”，它是现象层的，与纯粹自我即根意识（root-consciousness）是不同的。[②]事实上，我们

① 黄宝生译：《奥义书》，商务印书馆2010年版，第120页。

② Georg Feuerstein, *The Yoga-sūtras of Patañjali: A New Translation and Commentary*, Rochester: Inner Traditions International, 1989, p. 128.

可以把原初的意识即根意识视为“一”；而把现象层面的意识，也就是个体化的意识即心，视为“多”。这类似于天上月和水中月的关系，中国哲学所谓“理一分殊”者是也。这是一种折射的关系，折射的源头是有我（asmitā）。正是这个有我导致了个体化的意识即心。

प्रवृत्तिभेदे प्रयोजकं चित्तमेकमनेकेषाम् ॥५॥

pravṛttibhede prayojakaṃ cittamekamanekeṣām //
pravṛtti-bhede prayojakaṃ cittam-ekam-anekeṣām //

pravṛtti-活动；bhede-不同；prayojakaṃ-引起，起因，根源；cittam-心；ekam-唯一，一；anekeṣām-它们的

心的活动尽管多种多样，但起因都是那个最初的有我。（4.5）

基于对上一节的理解，我们很容易理解这里的“一”和“多”之间的关系。这里涉及三个概念：现象层的个体化意识即心（多）、终极层的纯粹意识（一），以及导致出现现象层意识（心）的始作俑者即有我。没有有我，就没有现象层的个体化意识即心。

瑜伽士生命管理的核心，就是管理好个体化的意识（心），使之不执着于现象本身，并通过瑜伽实践回归纯粹意识本身。这个有我是问题的根源。只有解决了有我的问题，才能实现瑜伽的终极目标。

तत्र ध्यानजमनाशयम् ॥६॥

tatra dhyānajamanāśayam //
tatra dhyāna-jam-anāśayam //

tatra-有关这些；dhyāna-冥想；jam-生于；anāśayam-摆脱潜在印迹

在各种心中，只有经过冥想净化的心才能摆脱潜在印迹。（4.6）

帕坦伽利认为，心是多元的，它们是唯一者即纯粹意识（原人）经有我这一棱镜折射而成的“多”。无一例外，各种心都为潜在印迹所遮蔽，都不透明，远离了纯粹意识即原人。唯有冥想（专念）才可以净化心。净化心就是要消除潜在印迹对心的遮蔽。这类似于神秀禅师说的，“身是菩提树，心如明镜台。时时勤拂拭，勿使惹尘埃”。

कर्माशुक्लाकृष्णं योगिनस्त्रिविधमितरेषाम् ॥७॥

karmāśuklākṛṣṇaṃ yoginastrividhamitareṣām //
karma-aśukla-akṛṣṇaṃ yoginaḥ-trividham-itareṣām //

karma-行动，业；aśukla-不是白的；akṛṣṇaṃ-不是黑的；yoginaḥ-瑜伽士的；trividham-三种，三类；itareṣām-其他人的

瑜伽士的业，既不是黑的，也不是白的。普通人的业则有三种：白的、黑的、既黑且白的。（4.7）

因为瑜伽士“时时勤拂拭”，他们的业主要是他们瑜伽行动的结果。他们的业不属于恶业（黑的），也不属于善业（白的）。而普通人的业有白的、有黑的，也有黑白混合的。

在印度传统中，业分四类：黑业（见于恶人、坏人）；黑白业（见于普通人）；白业（见于虔信者）；非黑非白业（见于成熟的瑜伽士）。

简单地说，成熟的瑜伽士的行动不产生业，属

于非业。他们行动，却相当于没有行动。他们的行动非是常人的行动，是超然的。这是修习瑜伽需要臻达的境界。

ततस्तद्विपाकानुगुणानामेवाभिव्यक्तिर्वासनानाम्

॥८॥

tatastadvipākānuguṇānāmevābhivyaktirvāsanānām //
tataḥ-tat-vipāka-anuguṇānām-eva-abhivyaktiḥ-vāsanānām //

tataḥ-从那；tat-它们的；vipāka-果实；anuguṇānām-合适的状况；eva-只有，唯一；abhivyaktiḥ-显现，不同；vāsanānām-习性，潜在欲望，潜意识的欲望

由这三种业所产生的习性，只有在条件合适时才显现出来。（4.8）

黑业、白业和黑白业构成一个人的习性，而习性的显现还需要适宜的条件。一般来说，潜在印迹和习性是密切联系在一起的，一个人的潜在印迹往往通过习性表现出来。

जातिदेशकालव्यवहितानामप्यानन्तर्यं
स्मृतिसंस्कारयोरेकरूपत्वात् ॥९॥

jātideśakālavyavahitānāmapyānantaryaṃ
smṛtisaṃskārayorekarūpatvat //
jāti-deśa-kāla-vyavahitānām-api-ānantaryaṃ smṛti-saṃskārayoḥ-eka-rūpatvāt //

jāti-出生；deśa-地点，空间；kāla-时间；vyavahitānām-区分，分开；api-即使，也，甚至；ānantaryaṃ-不中断；smṛti-记忆；saṃskārayoḥ-潜在印迹，潜在的意志活动，冲动的欲求；eka-唯一；rūpatvāt-形态

记忆和潜在印迹在形态上是一样的，即使被出生、地点、时间区分，它们之间也存在一种连续性。（4.9）

这里帕坦伽利讨论了记忆和潜在印迹的连续流转问题。记忆和潜在印迹在形态上是一样的，不论条件如何变化，不论出生、地点、时间如何不同，它们之间的连续性是一直存在的。

तासामनादित्वं चाशिषो नित्यत्वात् ॥१०॥

tāsāmanāditvaṃ cāśiṣo nityatvāt //
tāsām-anāditvaṃ ca-āśiṣaḥ nityatvāt //

tāsām-它们（习性）；anāditvaṃ-无始的；ca-和；āśiṣaḥ-（生存）欲望；nityatvāt-永恒的

由于生存的欲望是永恒的，所以习性没有开端。（4.10）

世上的一切生物体，只要有个体性，有我意识，就必定有生存的欲望。这种欲望引发行动，行动呈现习性。习性没有开端，是因为生存的欲望没有开端。

हेतुफलाश्रयालम्बनैः संगृहीतत्वादेषामभावे तदभावः ॥११॥

hetuphalāśrayālambanaiḥ saṃgṛhītatvādeṣāmabhāve tadabhāvaḥ //
hetu-phala-aśraya-ālambanaiḥ saṃgṛhītatvāt-eṣām-abhāve tat-abhāvaḥ //

hetu-原因；phala-结果；aśraya-基础；ālambanaiḥ-对象；saṃgṛhītatvāt-结合在一起；eṣām-这些；abhāve-消失；tat-它们；abhāvaḥ-消失

习性是原因、结果、基础、对象结合在一起形成的。这些全部消除，习性便被摧毁。（4.11）

习性没有开端，但可以被终结。

帕坦伽利告诉我们，习性是原因、结果、基础、对象共同作用的结果，消除了这些因素，就消除了习性。这里，原因就是无明，它是所有习性的根源；结果就是业，即行动的果实；基础就是心，心是所有习性的仓库；对象就是刺激心产生波动的外在事物。消除这四个因素，习性自会终结。

अतीतानागतं स्वरूपतोऽस्त्यध्वभेदाद्धर्माणाम् ॥१२॥

atītānāgataṃ svarūpato’styadhvabhedāddharmāṇām //
atīta-anāgataṃ sva-rūpataḥ-asti-adhva-bhedāt-dharmāṇām //

atīta-过去；anāgataṃ-未来；sva-自己的；rūpataḥ-形态；asti-存在；adhva-显现；bhedāt-改变，变化；dharmāṇām-特征

过去和未来是真实存在的，它们只在对象特征的变化中显现出与现在的不同。（4.12）

这一节揭示了帕坦伽利对时间的看法。

过去、现在和未来是相对的。现在会成为过去，未来会成为现在。过去是实际存在的，它是过去的现在；未来是实际存在的，它是未来的现在。过去和未来虽不同于现在，但本质上它们是一样的。瑜伽士最终会明白：只有完全的当下（Now）。摆脱了束缚，过去和未来的观念也将被超越。

ते व्यक्तसूक्ष्मा गुणात्मानः ॥१३॥

te vyaktasūkṣmā guṇātmānaḥ //
te vyakta-sūkṣmāḥ guṇa-ātmānaḥ //

te-它们（特征）；vyakta-显现；sūkṣmāḥ-精微的；guṇa-三德；ātmānaḥ-本性

不管是既显还是未显，它们都源于三德。（4.13）

过去、现在和未来，此三者有的既已显化，有的尚未显化，不论既显还是未显，它们都只是三德的变化与展示。时间是原质的本质属性，因客体特征的变化而显现。

परिणामैकत्वाद्वस्तुतत्त्वम् ॥१४॥

pariṇāmaikatvādvastutattvam //
pariṇāma-ekatvāt-vastu-tattvam //

pariṇāma-转变；ekatvāt-由于统一；vastu-事物；tattvam-实在性，真实

事物的实在性基于三德转变的一致性。（4.14）

某个事物，之所以是某个事物，是由于它的显现的实在性或者一定时间内的特征的稳定性。例如，你的双手，过了十年，虽也有变化——变粗糙了，变得不灵活了，但手还是手，并没有变成脚。这就是帕坦伽利所说的一致性。这种一致性是每个存在物都必须遵循的。每个事物或对象都具有相对的稳定性，不会一会儿这样，一会儿那样。三德是服务于原人的。创造的目的性保证了事物存在的实在性。简单地说，三德运行具有一致性，有自身的使命或目的，那就是服务于原人。

वस्तुसाम्ये चित्तभेदात् तयोर्विभक्तः पन्थाः ॥ १५ ॥

vastusāmye cittabhedāt tayorvibhaktaḥ panthāḥ //
vastu-sāmye citta-bhedāt tayoḥ-vibhaktaḥ panthāḥ //

vastu-对象；sāmye-一样的；citta-心；bhedāt-由于差异；tayoḥ-它们的；vibhaktaḥ-是不同的；panthāḥ-（感知）方式

相同的对象在不同的心中以不同的方式被感知，因此心必定不同于对象。（4.15）

这里说的是瑜伽的知觉理论。对象是同一个，然而，由于心不同便有了不同的知觉。在不同条件下，对同一事物的知觉是不同的。由此可以确定，心和对象不一样。心不同于对象：心是主体，对象是客体；心是认识者，对象是被认识者。

न चैकचित्ततन्त्रं चेद्वस्तु तदप्रमाणकं तदा किं स्यात्
॥१६॥

na caikacittatantraṃ cedvastu tadapramāṇakaṃ tadā kiṃ syāt //
na ca-eka-citta-tantraṃ ced-vastu tat-apramāṇakaṃ tadā kiṃ syāt //

na-也不；ca-和；eka-某个，单个；citta-心；tantraṃ-依赖；ced-它；vastu-对象；tat-那；apramāṇakaṃ-不被感知；tadā-于是；kiṃ-什么；syāt-会发生

不能说对象依赖于某个人的心的感知而存在。因为，如果是这样，当某个人的心不再感知对象时，就可以说对象不存在了。（4.16）

这一节紧接上节，继续谈知觉理论。如果心同于对象，不同的心对相同对象的感知就会是一样的。然而，我们的经验是，不同的心对同一个对象的感知是不同的。并且，我们不能因为某个人没有感知到某个对象，就说这个对象不存在——万一其他人感知到

了呢？总而言之，心不同于对象，对象的存在也不依赖于某个人的心的感知。

对象具有客观性，感知者（心）是主体。客观的对象是独立存在的。主观的心去感知对象，在不同条件下会有不同的感知。英国哲学家贝克莱（George Berkeley）说，存在即被感知。当然，帕坦伽利不会接受这样的唯我论观点。帕坦伽利认为，对象不依赖于某个人的心——如果依赖于某个人的心，那么这个现象世界就是主观的。事实上，依据数论哲学和瑜伽派哲学，现象世界是独立于个别的心的，当某个人的心觉悟、进入独存之境地时，对于这个人现象世界就不存在了，可对于其他人这个现象世界依然存在，依然可以为其他的心所感知。

तदुपरागापेक्षित्वाच्चित्तस्य वस्तु ज्ञाताज्ञातम् ॥१७॥

taduparāgāpekṣitvāccittasya vastu jñātājñātam //
tat-uparāga-apekṣitvāt-cittasya vastu jñāta-ajñātam //

tat-因此；uparāga-被染着；apekṣitvāt-依赖于；cittasya-心的；vastu-对象，事物；jñāta-被认识；ajñātam-不被认识

对象是可知的还是不可知的，取决于心的状态。（4.17）

心需要认知的对象来反射，只有这样才会有对象的知识。萨拉斯瓦蒂说："只要观念的对象不反射在心中，心就没有那个特定对象的知识或认知。"[1]即便心和对象面对面，但对象不反射在心上，也不会有那个对象的知识。

① Swami Satyananda Saraswati, *Four Chapters on Freedom*, Bihar: Yoga Publications Trust, 2013, p. 328.

सदा ज्ञाताश्चित्तवृत्तयस्तत्प्रभोः
पुरुषस्यापरिणामित्वात् ॥१८॥

sadā jñātāścittavṛttayastatprabhoḥ puruṣasyāpariṇāmitvāt //
sadā jñātāḥ-citta-vṛttayaḥ-tat-prabhoḥ puruṣasya-apariṇāmitvāt //

sadā-始终；jñātāḥ-被认识；citta-心；vṛttayaḥ-波动；tat-它的；prabhoḥ-主，主宰；puruṣasya-原人的；apariṇāmitvāt-由于不改变，由于不变化

因为心的主宰即原人是不会变化的，所以它总能知道心的波动变化。（4.18）

相对于原人，心不是真正的认识主体，不是真正的目击者或见者。这个现象世界的一切不断地经历着变化，但所有的变化现象都有一个背景，这个背景就是永恒不变的原人。心由不变的原人主宰，原人始终目击着心的波动。

न तत् स्वाभासं दृश्यत्वात् ॥१९॥

na tat svābhāsaṃ dṛśyatvāt //
na tat svābhāsaṃ dṛśyatvāt //

na-不；tat-它；svābhāsaṃ-自我照亮的，自明的；dṛśyatvāt-因为它的感知

心不是自明的，因为它是原人的感知对象。（4.19）

太阳独自照耀，不断发出光芒，但月亮不能，月亮只能反射太阳的光芒。同样，我们的内在自我即原人独自照耀，不断发出光芒，而心就像月亮一样，只能反射原人的光芒，而自身却不发光。萨拉斯瓦蒂告诉我们，当一个人的心意朝内、超越感官限制时，这个人就会意识到原人不同于心，是原人照亮了心。瑜伽士在三摩地中的觉知力源于心，但这只是一种反射力。

简单地说，心不是原人，但心可以反射原人之

光。正因如此，心当然也可以遮蔽原人之光。瑜伽行动就是要控制心的波动，以便心可以清晰地反射原人之光。这就是瑜伽行动的意义所在。

एकसमये चोभयानवधारणम् ॥२०॥

ekasamaye cobhayānavadhāraṇam //
eka-samaye ca-ubhaya-anava-dhāraṇam //

eka-一；samaye-时间；ca-和；ubhaya-两者（原人和感知对象）；anavadhāraṇam-不区分

还因为心不能区分原人和感知对象。（4.20）

更进一步，正因为心不能区分原人和感知对象，瑜伽士才需要分辨原人和原质，才需要消除原质显化的对象的影响。

当心作为认识者时，其能力来自原人。但它是有局限的，当它作为认识者的时候，它无法认识自己——它不能同时成为经验者和经验的对象。认识认识者需要另一个认识者，如此一来，前面的认识者就成了认识的对象。认识认识者意味着无限倒推，最终我们会意识到心不是认识者，真正的认识者是原人，心只是原人的感知对象。

चित्तान्तरदृश्ये बुद्धिबुद्धेरतिप्रसङ्गः स्मृतिसंकरश्च ॥२१॥

cittāntaradṛśye buddhibuddheratiprasaṅgaḥ smṛtisaṃkaraśca //
citta-antara-dṛśye buddhi-buddheḥ-atiprasaṅgaḥ smṛti-saṃkaraḥ-ca //

citta-心；antara-另一个；dṛśye-感知；buddhibuddheḥ-感知的感知；atiprasaṅgaḥ-无尽；smṛti-记忆；saṃkaraḥ-混乱；ca-和

如果假定有第二个心来感知第一个心，那么就必须假定有无限个心。这会导致记忆混乱。（4.21）

假设认识者一方面又是认识的对象，则每一人认识者背后必然要有另一个认识者，如此递推，以至无限，这就是无限倒推。有无限个心就有无限个记忆，这些记忆将无法调和，造成一片混乱。这与事实是不相符的。帕坦伽利以此证明了心不是真正的认识者——原人才是。

चितेरप्रतिसंक्रमायास्तदाकारापत्तौ स्वबुद्धिसंवेदनम् ॥२२॥

citerapratisaṃkramāyāstadākārāpattau svabuddhisaṃvedanam //
citeḥ-apratisaṃkramāyāḥ-tat-ākāra-āpattau sva-buddhi-saṃvedanam //

citeḥ-觉知的，意识的；apratisaṃkramāyāḥ-不变的；tat-那；ākāra-形式；āpattau-进入状态，遍布；sva-自己的；buddhi-认知，觉知，智性；saṃvedanam-经验到，知道

尽管原人不变，他却能以觉知者的形态觉知自身的觉知。（4.22）

既然原人是永恒的、不变的，那原人又是如何感知自身、感知心这个对象的呢？这一节经文清楚地告诉我们，原人是以知觉的形态即心感知自身的感知的。这一节经文揭示了个体意识即原人感知自身的原理。

独一的纯粹意识是永恒的、不变的，而我们所见的意识（心）却是多元的、丰富的。如何理解这一

现象呢？根据数论哲学，菩提（大）是原质的第一个进化产物，它最精微，最接近原人。原人允许菩提清晰地反射原人之光。宇宙中有无数个心，它们都源于纯粹自我即原人。我们在每个心中似乎都见到了原人，但其实只是见到反射的原人，就如在一颗水珠里见到太阳。

द्रष्टृदृश्योपरक्तं चित्तं सर्वार्थम् ॥२३॥

draṣṭṛdṛśyoparaktaṃ cittaṃ sarvārtham //
draṣṭṛ-dṛśya-uparaktaṃ cittaṃ sarva-artham //

draṣṭṛ-见者，原人；dṛśya-所见，原质；uparaktaṃ-着色，受影响；cittaṃ-心；sarva-所有的；artham-对象

心，既受到见者的影响，也受到所见的影响，所以它能够理解一切事物。（4.23）

心非常特别，它被视为边缘性的存在。它是原人感知的对象，从本质上说，它属于原质。但心具有一种特殊的觉知能力，即从原人那里借来的觉知的力量。因此，它既可以被外在的对象影响，又可以被它自身的主宰即原人这位见者影响。正因如此，心具有理解一切事物的潜能。

तदसंख्येयवासनाभिश्चित्रमपि परार्थं संहत्यकारित्वात् ॥२४॥

tadasaṃkhyeyavāsanābhiścitramapi parārthaṃ saṃhatyakāritvāt //
tat-asaṃkhyeya-vāsanābhiḥ-citram-api para-arthaṃ saṃhatya-kāritvāt //

tat-那；asaṃkhyeya-无数的；vāsanābhiḥ-习性；citram-着色的，受影响的；api-尽管，即使，也，甚至；para-另一个；arthaṃ-目的；saṃhatya-与（原人）联合；kāritvāt-由于活动，由于行动

尽管心被无数的习性所影响，但心只服务于原人，因为它只能和原人联合行动。（4.24）

这一节明确了心的定位和功能。尽管心非常复杂，但它的使命只是服务于原人，并且这一服务的功能只有在它和原人联合的时候才可以发挥出来。换言之，离开原人，心的觉知力就无法发挥作用。

心是双面人，它既服务于外在的对象，又服务

于原人。当它服务于外在对象、满足了欲望时，它就会忘记服务于原人的使命；而当它服务于原人时，它就超越了欲望，不被外在对象所束缚、所染着。

瑜伽修习者面临着选择。一旦选择了服务于原人，他就走上了瑜伽士之路。但心似乎保留了自由意志，可以完全处于充满欲望的对象世界中。只有当心厌倦了欲望世界，转向内部时，它才可能重新启程，践行它的“天命”，即服务于原人。

विशेषदर्शिन आत्मभावभावनानिवृत्तिः ॥२५॥

viśeṣadarśina ātmabhāvabhāvanānivṛttiḥ //
viśeṣa-darśinaḥ ātma-bhāva-bhāvanā-nivṛttiḥ //

viśeṣa-分辨，区分；darśinaḥ-见者的，原人的；ātmabhāva-自我意识；bhāvanā-思想；nivṛttiḥ-完全终止

那些看清心和原人之间差别的人，永远不会再把心视为原人。（4.25）

根据数论哲学，我们可以分辨心和原人。理论上说，数论哲学家应是解脱者，他不会让自己认同于原质。帕坦伽利瑜伽就是要实证这一点，因为他认为单单认识论上的认识并不足以使人在生存论上分辨心和原人。由于受到习性或潜在印迹的影响，我们难以做到原人归原人，原质归原质。根据帕坦伽利的观点，通过瑜伽修习，通过不断修心、净化心，慢慢地为萨埵所主宰，这样就越来越容易摆脱习性或潜在印迹的影响，而使纯净的心真实地反射原人，从而真正看清心和原人之间的差别。一旦达到这个境界，人就进入了最高的三摩地。

तदा विवेकनिम्नं कैवल्यप्राग्भारं चित्तम् ॥२६॥

tadā vivekanimnaṃ kaivalyaprāgbhāraṃ cittam //
tadā viveka-nimnaṃ kaivalya-prāgbhāraṃ cittam //

tadā-于是；viveka-分辨；nimnaṃ-倾向于；kaivalya-独存；prāgbhāraṃ-吸引；cittam-心

心一旦倾向于分辨，它就迈向了独存。
（4.26）

原质的一切都是短暂的、有限的、轮回性的、痛苦的，而原人才是自由的、圆满的、永恒的，当纯净的心倾向于分辨自身和原人时，它就在向独存靠近了。

तच्छिद्रेषु प्रत्ययान्तराणि संस्कारेभ्यः ॥२७॥

tacchidreṣu pratyayāntarāṇi saṃskārebhyaḥ //
tat-chidreṣu pratyaya-antarāṇi saṃskārebhyaḥ //

tat-于是；chidreṣu-在……之间；pratyayantarāṇi-产生涣散思想；saṃskārebhyaḥ-从过去的潜在印迹

分辨修习哪怕稍有松懈，也会因为潜在印迹产生心的涣散。（4.27）

分辨是一种瑜伽功夫。在修习分辨时，心会受到各种阻碍与诱惑。例如，私我会不断跳出来，试图以种种诡计把人拉回对原质及其幻化的认同中，甚至会以灵性的名义诱惑瑜伽士偏离真正的分辨修习。在真正拥有分辨能力之前，心始终可能被“打回原形”。瑜伽实践是一条崎岖不平的道路，而潜在印迹则是这路上一个个绊脚的坑，阻碍瑜伽士臻达分辨之圣境。对此当时刻警惕。

हानमेषां क्लेशवदुक्तम् ॥२८॥

hānameṣāṃ kleśavaduktam //
hānam-eṣāṃ kleśavat-uktam //

hānam-消除；eṣāṃ-这些，它们（指潜在印迹）；kleśavat-就如在（消除觉悟）障碍的情形中；uktam-如前所述

可以用与消除觉悟障碍一样的方式来克服心的涣散。（4.28）

帕坦伽利告诉我们，瑜伽觉悟的障碍主要是：疾病、疲倦、怀疑、拖延、懒惰、欲念、妄见、精神不集中和注意力不稳定（1.30），以及无明、有我、贪恋、厌弃和惧怕死亡（2.3）。消除觉悟障碍的方式主要见于第一章第27—29、32节，第二章第1—2、10—11、26节。

प्रसंख्यानेऽप्यकुसीदस्य सर्वथा विवेकख्यातेर्धर्ममेघः समाधिः ॥२९॥

prasaṃkhyāne'pyakusīdasya sarvathā vivekakhyāterdharmameghaḥ samādhiḥ //
prasaṃkhyāne-api-akusīdasya sarvathā viveka-khyāteḥ-dharmameghaḥ samādhiḥ //

prasaṃkhyāne-最高知识；api-即使，也，甚至；akusīdasya-毫无兴趣；sarvathā-完全，至高；vivekakhyāteḥ-分辨性洞察；dharmameghaḥ-法云；samādhiḥ-三摩地

即使对最高知识毫无兴趣，只要拥有完全的分辨，也可臻达法云三摩地。（4.29）

这里，帕坦伽用了大乘佛教中的一个术语——“法云”（dharmameghaḥ，又译“德云”）。在帕坦伽利的体系中，法云三摩地乃三摩地之巅峰。在法云三摩地，欲望、无知、不净等彻底消除，人不再对任何东西发生兴趣，即便最高知识也不例外。正如艾扬格所说，“（瑜伽士）知道智性的最高形式也是一种障碍，甚至对这一觉悟的智慧和灵性成就也没有兴

趣”。[1]这里所说的“最高知识”，指冥想带来的高级理解和认识，而非吠檀多中的自我知识（梵知）。

顺便说一句，一般我们可以把法云三摩地理解为独存之前的最后一道余光，之后的一切皆无法言说。

① B. K. S. Iyengar, *Light on the Yoga Sūtras of Patañjali*, London: Harper Collins Publishers, 1996, p. 278.

ततः क्लेशकर्मनिवृत्तिः ॥३०॥

tataḥ kleśakarmanivṛttiḥ //
tataḥ kleśa-karma-nivṛttiḥ //

tataḥ-从此；kleśa-痛苦，烦恼；karma-行动，业；nivṛttiḥ-终止，断除

从此断除了痛苦，摆脱了业。（4.30）

辨喜说，法云三摩地到来之时，瑜伽士不再恐惧失败堕落，不受任何事物拖累。对他来说，不再有邪恶，也不再有痛苦。[1]一旦达到法云三摩地，所有痛苦和烦恼终结，业根断除——不会再造出新的业来。此时的瑜伽士成为现世解脱的灵魂。

---

① Swami Vivekananda, *The Complete Works of Swami Vivekananda*, Kolkata: Advaita Ashrama, 2002, vol. 1, p. 304.

तदा सर्वावरणमलापेतस्य
ज्ञानस्यानन्त्याज्ज्ञेयमल्पम् ॥३१॥

tadā sarvāvaraṇamalāpetasya jñānasyānantyājjñeyamalpam //
tadā sarva-āvaraṇa-mala-apetasya jñānasya-ānantyāt-jñeyam-alpam //

tadā-因此，于是；sarva-所有的；āvaraṇa-遮蔽；mala-不纯；apetasya-消除；jñānasya-知识的；ānantyāt-因为无限；jñeyam-被知道；alpam-非常少，微不足道

也完全消除了知识的遮蔽和不纯。由于这一无限的知识，一切都显得微不足道。（4.31）

对臻达法云三摩地的解脱的灵魂来说，遮蔽和不纯已荡然无存。他已经拥有了最高的不执。站在这巅峰，看曾经发生过的一切，都不过是过眼云烟，微不足道。

ततः कृतार्थानां परिणामक्रमसमाप्तिर्गुणानाम् ॥३२॥

tataḥ kṛtārthānāṃ pariṇāmakramasamāptirguṇānām //
tataḥ kṛtā-arthānāṃ pariṇāma-krama-samāptiḥ-guṇānām //

tataḥ-于是；kṛtārthānāṃ-实现了它们的目的；pariṇāma-转变，变化；krama-连续；samāptiḥ-结束，完成；guṇānām-德，三德

三德的连续变化由此结束，因为它们的目的已经达成。（4.32）

对象世界的存在基于三德的运行或者连续变化。进入法云三摩地的瑜伽士，最终摆脱了三德的束缚，没有了业，没有了潜在印迹，没有了习性。且他已经完全认识到自己不是原质及其展示的一切，而是原人本身，这一认识直接导致三德连续变化的终结。三德终于完成了服务于原人的使命。从此，没有进化，没有退化，没有生死，没有轮回，也没有习性、记忆和潜在印迹。

क्षणप्रतियोगी परिणामापरान्तनिर्ग्राह्यः क्रमः ॥३३॥

kṣaṇapratiyogī pariṇāmāparāntanirgrāhyaḥ kramaḥ //
kṣaṇa-pratiyogī pariṇāma-aparānta-nirgrāhyaḥ kramaḥ //

kṣaṇa-刹那；pratiyogī-不间断的，连续的；pariṇāma-转变，变化；aparānta-最后，最终；nirgrāhyaḥ-理解，认识；kramaḥ-连续，系列

这一连续的变化发生在每一刹那，但只有到一个系列结束时才能被理解。（4.33）

三德始终在运动，变化发生在每时每刻。我们认为原质构成的事物是稳定的，其实它们一直都在变化。我们甚至找不到哪怕片刻不变的事物。这里，帕坦伽利阐明了变化和刹那的关系。三德在每一个刹那都是变化的，只是人们没有意识到。直到一个序列结束，即从无知到觉悟这一跨越完成时，三德连续的变化才会被真正认识。三德的运动，给人的印象是连续的，但其实每个刹那都是一个断裂。就如我们看电影，以为看到的是连续的画面，但其实那是无数个独

立的镜头叠加所产生的视觉效果。瑜伽修习终将终止对三德连续变化的认同，使人最终摆脱三德的束缚，而成为三德之主。

पुरुषार्थशून्यानां गुणानां प्रतिप्रसवः कैवल्यं स्वरूपप्रतिष्ठा वा चितिशक्तिरिति ॥३४॥

puruṣārthaśūnyānāṃ guṇānāṃ pratiprasavaḥ
kaivalyaṃ svarūpapratiṣṭhā vā citiśaktiriti //
puruṣa-artha-śūnyānāṃ guṇānāṃ pratiprasavaḥ
kaivalyaṃ sva-rūpa-pratiṣṭhā vā citi-śaktiḥ-iti //

puruṣa-原人；artha-目的；śūnyānāṃ-缺乏；guṇānāṃ-三德的；pratiprasavaḥ-分解为，返回，退化；kaivalyaṃ-独存；svarūpa-自己的本性中；pratiṣṭhā-安住，确立；vā-或者；citiśaktiḥ-意识的力量；iti-这样，因而

当三德作为原质之属性不再服务于原人时，它们就消融于原质。这就是独存。原人作为纯粹意识，安住在其自身的本性之中。（4.34）

这是帕坦伽利瑜伽哲学的巅峰之句，它和第一章第3节经文“见者就安住在其自身的本性之中”前后呼应。

通过瑜伽修习，三德作为原质之属性最终完成

了自身的使命，于原人再无用处。至此，三德消融于原质，原人获得了独存。辨喜就此做了精彩的评注：“原质的任务已经完成，这一无私的任务是被我们和蔼的母亲即原质，加诸她自身的。她用手轻轻托起忘记了自我的灵魂，让他再看一看他在宇宙中的所有经验、所有表现，带领他穿越各种身体，越升越高，直到找回他失去的荣耀，回想起自己的真实本性。然后，这位善良的母亲沿着来时的路回去了，因为还有人迷失在无踪可循的生命沙漠中。这是她的工作，没有起点，也没有终点。在经历苦乐、经历善恶之后，无尽的灵魂之河正汇入圆满和自我觉悟的海洋。”①

我们对第四章的内容做一个简单的总结：

1. 考察瑜伽力量的来源；
2. 论述进化的思想；
3. 论述业的理论；
4. 讨论潜在印迹；
5. 讨论见者与所见；
6. 讨论进入独存的最后“景象”——法云三摩

---

① Swami Vivekananda, *The Complete Works of Swami Vivekananda*, Kolkata: Advaita Ashrama, 2002, vol. 1, p. 304.

地（等同于无种三摩地）。

至此，我们完成了整部《瑜伽经》的注释。帕坦伽利《瑜伽经》作为吠陀文献之一，确实是一部特别的生命管理学著作。对于普通人，吠陀提供的是多目标管理，把社会中的人有效地整合起来。而追求生命最终解脱的人，则需要特别的指导。《瑜伽经》是针对那些寻求解脱的人的。它一开始就确定了瑜伽的目标：三摩地。这是吠陀文化对人的生命规划的高级阶段。有了目标，还需要有效的实践步骤。帕坦伽利提供了非常严密的瑜伽八支。在此之前，古代印度已经有了各种瑜伽实修之法，而帕坦伽利这次提供了一个非常完整的修习体系。每个修习步骤环环相扣，把人推向瑜伽的最终目标，以实现人生的圆满管理。

我们对圣洁的《瑜伽经》第四章解脱篇的翻译和注释就此结束。

图书在版编目（CIP）数据

瑜伽经 / (印) 帕坦伽利著；王志成译注. -- 成都：四川人民出版社, 2025. 1. -- (瑜伽三经). -- ISBN 978-7-220-13857-7

Ⅰ. B351

中国国家版本馆CIP数据核字第2024H09C90号

YUJIA JING

瑜伽经

〔古印度〕帕坦伽利　著　王志成　译注

选题策划 责任编辑	陈　涛
装帧设计	李其飞
责任印制	周　奇
出版发行	四川人民出版社（成都三色路238号）
网　　址	http://www.scpph.com
E-mail	scrmcbs@sina.com
新浪微博	@四川人民出版社
微信公众号	四川人民出版社
发行部业务电话	（028）86361653　86361656
防盗版举报电话	（028）86361653
照　　排	四川胜翔数码印务设计有限公司
印　　刷	成都市东辰印艺科技有限公司
成品尺寸	138mm×210mm
印　　张	11.25
字　　数	173.9千
版　　次	2025年1月第1版
印　　次	2025年1月第1次印刷
书　　号	ISBN 978-7-220-13857-7
定　　价	298.00元

ISBN 978-7-220-13857-7

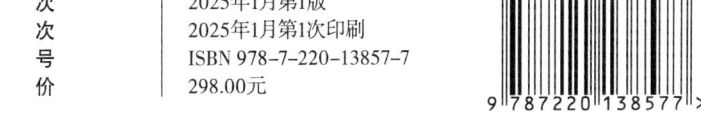

ॐ